이름의 실체를 밝힌다

이름 속에 성공의 비밀이 숨어있다

이름 속에 성공의 비밀이 숨어있다

초판 1쇄 인쇄 | 2022년 5월 25일
초판 1쇄 발행 | 2022년 5월 27일

지 은 이 | 예지연
펴 낸 이 | 안영란

펴 낸 곳 | 도서출판 다지음
등록번호 | 제 420-2022-000001
등록일자 | 2022년 2월 3일

주 소 | (25643) 강원도 강릉시 왕산면 안소재길 84-11
대표전화 | 1644-0178
팩 스 | (032)867-0342
이 메 일 | yejiyeon7@hanmail.net

편집 · 디자인 | 박세원

ⓒ 이름 속에 성공의 비밀이 숨어있다 2022. Printed in Seoul. Korea
ISBN 979-11-978096-2-0
값 12,000원

• 잘못된 책은 바꾸어 드립니다.

이름의 실체를 밝힌다

이름 속에 성공의 비밀이 숨어있다

(사단법인) 다지음한글구성성명학회

다지음

차례

책을 펴내며…08

1. 박사학위를 축하하면서…11
2. 운명을 좌우하는 보이지 않는 힘…15
    - 소리의 힘
    - 말의 힘
3. 행복은 아는 만큼 보인다(전북군산지사)…20
4. 신앙생활에는 개명이 도움을…23
5. 성명학을 배우고 나서야(전북익산지사)…28
6. 왜 탄탄대로인가?…33
7. 개명의 덕을 톡톡히(강원양양지사)…38
8. 복 받기위해 기도할 거면 차라리 개명을!…41
9. 구성성명학의 우수성…46
    - 한글구성성명학과 자음파동성명학의 비교대비
    - 이름이란?
10. 이름에 하나님의 뜻이 숨어 있다…51
11. 이름에도 명품이 있다(제주지사)…54
12. 연예인 본명과 예명…56
13. 정말 이름대로 산다(강릉왕산지사)…59
14. 한글구성성명학의 원리는?…63
    - 건강이나 수명을 해치는 이름
    - 돈과 부인이 없는 이름

15. 이름을 남기고 싶어하는 이유는…67
16. 별명이 나를 아프게 하다(인천서구지사)…70
    - 드디어 답을 찾다
17. 이름은 내 운명!(부천원미지사)…76
18. 재미로 풀어보는 유명인 이름…81
19. 노력하는데 왜 가난한가?(인천총괄지사)…85
    - 살고 싶어요
    - 이름의 중요성을 새삼 느끼면서
20. 사주와 이름과의 연관성…93
21. 마음의 상처를 받기 쉬운 세상에(인천연수지사)…95
22. 방송인 이름은 어떤가!…99
23. 울 엄마가 개명하고 나서(인천청라지사)…102
    - 지금이 바로 개명할 때
24. 이름에서 예고된 아이의 운명…109
25. 개명하고 건강 좋아져(인천중부)…112
26. 부자되는 동네가 있다면?…115
27. 지나친 욕심으로……(인천부평지사)…119
    - 저도 몰라요! 꿈만 같아요!
28. 다지음학회의 최대 장점은?…124
29. 구성성명학을 믿고 있기에(인천남동지사)…127
30. 잘못된 학설에 속고 있다!…130
    - 81수리 성명학
    - 자음파동 성명학
    - 자음파동과 구성성명의 대비
31. 이름 안에 흉한 기운이 감돌면(대전중부지사)…138

－ 안타까운 죽음

    － 병마와 싸우고 있는 그녀를 보면

32. 해례본과 운해본의 오행이 다르다?…148

33. 이름에 대한 믿음이(부산강서지사)…152

34. 남의 귀한 자식의 이름을…!…155

35. 아모르파티가 바로 개명임을(경기파주지사)…158

36. 공부 잘하는 이름은 따로 있다…163

37. 이름 때문에 운명이 다른 쌍둥이…166

38. 개명을 의뢰한 마음을 알기에(경기김포지사)…169

39. 이름 때문에 바람을 핀다면…?…172

    － 여자가 바람피는 이유

    － 남자가 바림피는 이유

40. 이름에 재물을 극하면(경기용인지사)…175

41. 부부연예인 이름 분석…178

42. 구성성명학을 만나고 나서야(경기평택지사)…183

43. 우리나라를 대표하는 기업 네이밍…189

44. 그의 뒷모습을 바라보면서(대구다사지사)…191

45. 불용문자에 대한 견해…194

46. 개명한 이름이 안타깝다(서울영등포지사)…196

47. 대통령이름의 공통점은?…199

48. 살림보다 사회활동이(서울구로지사)…201

49. 성명학의 종류…204

50. 재물이 융성한 이름 덕에(서울서초지사)…207

51. 잘못지은 이름 누가 책임질 것인가?…210

52. 요즘 개명하는 사람이 늘고 있다…212

53. 미래학자들의 예견…214

54. 잘못 지은 아호 때문에…218
    – 도널 트럼프의 이름분석

55. 상호가 중요한 이유는?…223

56. 구성성명학이 곧 사주성명학(서울광진지사)…226

57. 늘 배 고파 하라…229

58. 외국인 이름풀이도 가능하다…232
    – 중국수석 덩샤오핑
    – 배우 패릴힐튼
    – 소설가 미우라아야코
    – 예능인 우에하라 미유
    – 러시아대통령 푸틴
    – 팝의 여왕 마돈나
    – 요절한 마이클잭슨

책을 마치면서…245

부록

(사단법인) 다지음 한글구성성명학회 활동 계획…248

언론에서 바라본 한글구성성명학회…252

언론에 보도된 예지연(안디바)의 책…258

예지연의 저서들…264

다지음 출판사 서평…266

다지음 가맹지사 모집…273

책을 펴내며

　이름에서 불리는 소리(口聲)는, 그 속에 잠재된 기운이 파동을 일으켜 인간의 운명에 적잖은 영향을 미친다. 즉 이름에서 망해라! 망해라! 하면 망하고, 잘된다! 잘된다! 하면 잘되듯이 이름에 그런 엄청난 기운이 숨어 있다. 이름은 불릴 적마다 상대방의 입을 통해 여러 가지 성질의 기운이 조화를 일으켜 발현되므로, 이름이 성공의 척도가 됨은 물론 건강, 배우자, 자식의 운까지도 좌지우지하기 때문에 그래서 이름은 매우 중요하다. 평생 불러주는 이름이야말로 발음 기관인 입을 통해 소리가 나오기 때문에 그만큼 입으로 불리는 에너지가 인생 전반에 걸쳐 큰 영향을 미치게 된다.
　따라서 좋은 이름은 자신은 물론 가족도 변화시킬 수 있다. 그러므로 우리 인생에서 선택의 갈림길에 섰을 때 어떤 이름을 사용하느냐에 따라 운명이 바뀔 수 있다. 건강한 에너지를 전해주는 말의 힘! 우리 한글이야말로 소리에너지의 원천으로서 이름을 대표하는 기본이 된다.

  사람들은 누구나 타고난 사주대로 살아간다. 그렇지만 타고난 운명이야말로 신의 영역으로 어느 누구도 그 운을 거스르지 못하고 살아간다. 그래서 그 운을 피해가는 방안으로 연구된 학문이 예지연의 한글구성성명학이다.

  이러한 한글구성성명학은 그야말로 학계에서 박사학위를 배출시킬 만큼 학문적 가치를 인정받은 학문이다. 따라서 나의 솔직한 마음은 구성성명학을 한 차원 높게 끌어 올린 경북총괄 노선경지사장을 모두에게 알리고 싶었고, 그동안의 노고와 찬사를 축하해 주고 싶었다.

  무엇보다 ㈜다지음 학회가 전국 120개 이상의 지사를 배출시켰고 국내는 150개 지사만을 지향하고 있다. 그러기에 지금은 전 세계를 목표로 지사개설에 박차를 가하고 있다.

  그동안 이름대로 살아간다는 사실들이 전국 지사들의 상담 사례를 통해 많이 입증되었다. 그러한 사실들을 '이름을 좋게 지으니 행복하더라'의 책자에 실린 후기들과 최근에 출간한 '운명의 비밀이 이름(성경)에 있다' 책에 실린 전국 지사들의 상담 사례와 구성성명학이 왜 중요한가에 중점을 두고 실었다.

  아울러 구성성명학은 사주 푸는 원리를 그대로 성명학에 접목해 연구된 학문이기 때문에 굳이 사주를 보지 않아도 이름 당사자의 운명을 80% 내지 90% 이상 유추해 낼 수 있다. 그러기에 그동안 잘못된 이름으로 개명하고 후회하는 사람들을 수없이 보아왔다. 그럴 적마다 이름의 중요성과 함께 한글구성성명학이 어떤 학문인가를 제대로 알려야 할 필요성을 늘 느끼고 있었다. 구성성명학을 몰라 잘못 지어진 이름 때문에 불행한 삶을 살고 있다면 이거야말로 홍보부재로 인한 다지음 학회의 책임이라 생각된다. 그러기에 모두가 좋은 이름으로 행복한 삶을 살았으면 하는 바람을 갖고, 쉼 돌릴 틈도 없이 연이어 세 권의 책을 집필하였고 또한 서둘러 출간하게 되었다.

  그러므로 대한국민 모두가 한글구성성명학의 중요성을 깨닫고 좋은 이름으로 개명하게 되는 그날까지 다지음학회서는 여러분을 응원하고 또한 더욱 더 성장하는 학회로 나아갈 것을 굳게 약속하는 바다.

사단법인 다지음한글구성성명학회
예지연 회장

박사학위를 축하하면서

예지연 회장

　학문을 심도 있게 연구한다는 것은 수많은 시간과 노력과 열정과 그에 따른 금전이 수반되어야 한다. 따라서 하나의 논문이 완성되기까지의 노력은 자기와의 치열한 싸움이며 인내와 고뇌에서 얻어지는 땀의 결과물이다. 더욱이 학계에서 아직 미개척분야인 한글구성성명학이기에 노선경 총괄지사장의 학문적 열정은 가히 짐작하고도 남음이 있다. 왜냐하면 논문 심사란 그 분야에 최고 권위자들이 인정해야 주어지는 학위인데 이를 심사할 만한 권위자가 없다는 것이 학계의 난제였다. 그러기에 노선경박사의 업적은 무(無)에서 유(有)를 개척한 또 다른 높은 정상의 자리매김이기에 그 가치가 더욱 높다고 할 수 있다. 그러므로 최초로 한글구성성명학으로 박사학위를 취득했다는 것은 다지음 학회의 놀라운 성과물이며 성명학계의 획기적인 발전이다.
　한글구성성명학은 자음과 모음이 결합된 완전체의 파동성명학이자 사주방식을 접목한 사주성명학이다. 아울러 세계인의 이름 분석도 가능한 유일무이한 국제적인 성명학이다. 이를 최초로 연구한 사람은 예지연이지만 이를 박사논문으로 품격 있게 승격시킨 장본인은 노선경 총괄지사장이다. 그래선지 '청출어람(靑出於藍: 제자가 스승보다 뛰어남)'의 한자성어가 새삼 생각나게 하는 자랑스런 제자다.

그의 논문을 밤새도록 읽으면서 유독 눈길을 쓰는 것이 있어 노선경지사장의 한글 소리작명법 연구 박사논문의 일부를 발췌하여 여기 싣고자 한다.

〈이름은 귀한 존재의 의미를 이름을 담고 있다. 아기가 태어나면 새로운 생명의 탄생을 신성하게 맞이하면서 신중하게 이름을 짓는다. 이름에는 새로 태어난 존재가 지향해야 할 바람직한 삶에 대한 작명하는 사람의 기대가 녹아 있다. 태어난 아기에게 기대하는 바람직한 삶은 개인적인 행복과 함께 더 나아가 사회적으로 선한 영향력을 끼치는 형태일 것이다. 흔히 '이름값'을 하라는 것이 바로 이름 속에 내재된 이러한 삶의 기대를 의미한다.

'탈무드에는 좋은 이름은 인간이 가질 수 있는 최고의 보배'라 하여 이름의 가치가 높이 평가되어 있다. 때로는 이름이 그 사람의 개체성은 물론 관계 속에서 드러나게 되는 명성까지 포함한다. 따라서 이름은 개체성과 함께 관계 속에 평가되는 명성을 드러내는 매개체라 할 수 있다. 특히 명성은 개인적 삶이 사회 공동체에 적절한 역할을 하였다는 것을 이름을 통해 드러내는 것이다. 물론 명성은 태어나면서 저절로 얻어지는 것이 아니라 사회생활을 하면서 타자로부터 얻어지는 것이지만 바람직한 삶에 대한 기대를 이름에 담고자 하는 작명의 단계에서부터 명성은 이름에 수반된다.

이름은 소리와 글자의 에너지다. 소리는 주파수로 영향을 미치고(Sound Power), 글자는 형상의 에너지로 전달되는데(Image

Power), 이 에너지가 우리의 인체에 영향을 미쳐 몸과 마음의 상태를 변화시킨다. 동아시아 전통사회에서 글자의 형상이 몸과 마음의 상태에 영향을 미친다는 사실은 크게 주목하지 않았지만, 소리의 영향력과 관련해서는 사회적 질서를 수립하는 원리인 예(禮)와 동등한 층위에서 음악(樂)의 기능을 강조한 것에서 단적으로 확인할 수 있다.

고대인들은 신에게 가까이 가고자 할 때 소리(樂)를 이용하였으며 그것은 신과의 조화를 위한 한 방법이라고 생각하였다. 악(樂)은 조화로움을 지향하고 조화로움은 평평하게 고른 것을 지향한다. 소리로 악의 조화를 이루고 음률로 소리를 고르게 하여 신에게 예를 올렸다.

예악은 잠시도 몸에 떨어질 수 없는 것이다. 악(樂)의 이치를 깊이 파악하여 마음을 다스리면 화평하고 곧고 자애롭고 신실한 마음이 생기면 즐겁고, 즐거우면 편안해지고 편안해지면 오랫동안 지속이 되고, 오래가면 하늘과 같게 되고, 하늘과 같게 되면 신과도 같게 된다고 하여 악(소리)을 신과 통하는 연결점이라 생각할 정도로 중요하게 여겼음을 알 수 있다. 따라서 조화를 이룬 소리는 좋은 변화를 가져오며. 나아가 평생 불리는 이름도 조화를 이룬다면 좋은 변화를 가져올 것이라는 추론을 가능하게 한다. 이는 작명의 목적과도 맞닿아 있다.

작명과 관련한 기록으로 '의례'의 '상복'에서 자식이 태어나서 석 달이 되면 아버지는 그에게 이름을 지어준다고 하여 작명의 시점에 대해 언급했다.

반고(班固)는 태어난 지 3개월 뒤에 이름을 짓는 것은 왜인가? 하늘의 운행은 한 계절이 지나면 사물은 그만큼 변하고 사람은 태어나 3개월이 지나면 눈동자를 돌리고, 또한 웃음을 지을 수 있으며 다른 사람에게 반응을 보이므로 지각이 있기 시작할 때쯤 이름을 지어주는 것이다. 라고 하여 높은 영유아 사망률이라는 과학적 사실이 아닌 지각 가능성을 그 이유로 제시한다. 이름을 부르면 그 이름을 알아듣는 상호작용이 가능한 시점에서 이름을 지어준다는 것이다.〉

 이름에 관련해 이보다 더 쉽고 간략한 표현은 없다고 본다. 거기에 더욱 폭 넓게 한글작명을 세계적인 시각으로 바라보고 있는 그의 견해가 더욱 돋보이는 부분이, '한국사회는 민주화, 세계화가 진행되면서 개인의 자율성과 모든 영역에서 강화되고 있다. 세계화의 진행으로 영어권의 문화는 한국 사회에 급속하게 전파되었다. 동시에 K-POP을 비롯한 드라마, 게임, 한글 등의 한류문화는 다양한 형태로 확산되어 전 세계에 그 영역이 확대되고 있다.'라고 바라보는 그의 관점은 다지음학회의 지향점과 맞물리고 있다.
 유네스코에서 인정한 한글을 세계인들한테 가장 알리기 쉬운 방법으로 한글구성성명학의 이름을 생각하고 있기에 그의 식견과 예지력과 학문적 고찰의 통찰력에 가히 놀라고 있을 따름이다.

운명을 좌우하는 보이지 않는 힘

　영국에 한 공원에 같은 토양, 같은 햇빛인 조건을 만들고 한날 한시에 12그루의 나무를 심었다. 12그루 나무가 자라 사람들이 쉴 수 있을 정도의 무성한 나무그늘이 만들어졌을 때, 각 나무에 예수의 12제자 이름을 붙여놓았다. 그러자 공원을 찾는 사람들은 유다 나무만 빼고 자리를 잡는 것이었다. 부득이 앉을 자리가 없을 땐 마지못해 유다나무 밑에 앉았지만 그리 행복한 표정들은 아니었고 심지어 그 나무를 향해 한마디씩 하기도 했다.
　"이 나쁜 유다야"
　심지어 꼬마들은,
　"예수님을 팔아먹은 망할 놈"
　이렇게 욕을 하기도 했다. 그리고 몇 년이 흐르고 다시 찾은 공원에는 유다 나무만 말라죽어 버렸다.
　영국 BBC방송에서 눈에 보이지 않는 힘의 실체를 입증하기 위해 한날 한시에 공원에 나무를 심어 놓고 실험한 것이 바로 소리 에너지에 대한 파동의 원리였다.

그리고 이와 유사한 내용이 국내 포항프로 축구팀의 고구마실험을 통해 KBS 뉴스에 방송으로 보도된 적이 있다.

이는 감사하는 마음과 긍정적인 말 한마디가 어떤 변화를 일으키는지를 실험하기 위해, 숙소 안에다 고구마 화분 두 개를 놓았다. 그리고 한 화분엔 좋은 말, 또 다른 화분엔 나쁜 말만 하도록 하고 선수들한테 아침. 저녁으로 '좋은 말 고구마'를 향해선 긍정적이고 칭찬의 말을 건네고, '나쁜 말 고구마'한테는 부정적인 말만 퍼부었다. 60일 동안 똑같은 환경에서 똑 같은 물을 주고 길렀는데 좋은 말 고구마 줄기는 무성하게 잘 자라는 반면, 나쁜 말 고구마 줄기는 발육이 현저히 떨어졌다는 보도다.

실험과 같이 말의 힘이란 강력하다. 고운 말을 쓰면 그 말과 닮은 고운 파동의 에너지가 상대에게 전해지고 반대로 욕설을 뱉으면 말도 독이 될 수 있다는 사실을 실험을 통해 여실히 증명했다. 내가 사용하는 단어 하나가 상대를 그리고 나 자신을 변화 시킬 수 있는 것이다.

그리고 또 아주 오래전에 KBS 인간극장이라는 프로그램에서 갈라진 두 쌍둥이 자매의 운명에 대해 방송된 적이 있었다. 그 부모는 쌍둥이를 낳고 경제적 어려움으로 인하여 큰애는 미국으로 입양 보내고 작은애는 부모가 키웠다. 그리고 30여년이 지난 후 두 사람의 모습을 취재하여 방송한 프로그램이었다. 30여년이 지난 후 두 자매의 모습은 어떠했을까? 언니는 미국 유수의 대학에 교수로 재직하고 있었고, 동생은 신 내림을 받아 무속인으로 살고 있었다.

그렇다면 여기서 생기는 의문점이나 궁금점이 생기지 않는가? 쌍둥이라 함은 사주와 관상학적으로도 같은 모습인데도 불구하고 다른 형태의 삶을 살고 있는 이유는 무엇일까? 우리가 알고 있지 못하는 어떤 힘이 이 둘의 삶을 달라지게 한 것은 아닐까 라는 의문이 생긴다. 위의 사실들에 나타내는 의미가 무엇인지 우리는 한번 심사숙고할 필요가 있다. 동일한 사주를 갖고 태어난 쌍둥이, 동일한 조건에 한날 한시에 심어진 나무들, 이치적이나 역학적 관점에서 본다면 같거나 최소한 비슷한 삶을 살아야 하겠지만 현실은 그렇지 않다.

왜?

도대체 왜 그런 것일까?

소리의 힘

그 보이지 않는 힘은 무엇일까? 우리는 앞에서 어떤 보이지 않는 힘에 의해 운명이 갈리는 사례를 보았고 의문을 갖게 되었다. 그렇다면 과연 그 보이지 않는 힘이란 무엇일까?

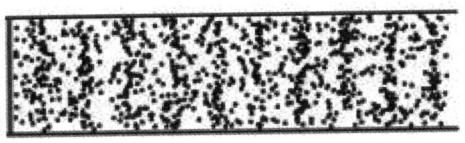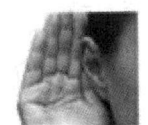

우주만물은 모두 소리(진동)가 난다. 진동하는 것에는 소리가 나고, 이 소리가 분열하면서 에너지를 발산한다. 따라서 귀를 통해 소리가 들리는 순간 바로 뇌로 전달되고 뇌에선 생각이라는 염파를 생성케 한다. 따라서 이 생각이 마음을 움직이게 하는 원동력이 된다. 이를 염파 즉 기(氣)라 한다. 기는 눈에 보이지는 않지만 우리의 마음과 육체를 자유자재로 움직이게 하는 파동의 에너지가 된다. 우리가 노래를 부르거나 말을 하는 것도 그 뜻을 알리기 위한 수단으로 소리를 낸다. 입(파동)을 통해 뇌신경으로 전달 되고나면 소리(파동)는 곧바로 죽어버리지만, 뇌신경에서는 소리를 통해 상대방의 뜻을 분석한다. 그 소리의 뜻이 뇌신경에서 분석되면 또 다시 말초신경으로 보내져서 곧바로 그 뜻에 따라 각각의 반응으로 나타난다. 예를 들어 사랑과 정염의 뜻이 전달되면 성기에서 반응이 일어나고, 맛없는 음식의 뜻이 전달되면 코를 찡그리거나 구역질을 하며 눈살을 찌푸리게 된다. 뿐만 아니라 감미로운 클래식을 들으면 마음이 안정되고, 락(Rock)이나 헤비매탈 같은 시끄러운 음악을 들으면 절로 흥이 고조되고 기분이 달뜨게 된다. 이와 같이 이름(소리)에는 그 소리 속에 깊고 강한 뜻이 담겨 있어 사람의 마음을 움직이게 하는 힘(에너지)이 담겨 있다.

말의 힘

몇 년 전 일본에서 물의 결정체를 촬영한 사진이 공개되면서 크게 화제가 되었다. 생수를 두개의 병에 따라 하나는 '사랑, 감사'라는 글을, 다른 하나엔 '망할놈'이라는 글을 써 놓고 24시간 동안 사람들에게 병에 써있는 데로 그 병에 말을 하게 했다. 24시간이 지난 뒤 두개의 물을 접시에 따라 물을 얼린 후 현미경으로 결정의 모양을 확인한 결과 아래의 사진과 같이 '사랑, 감사'라는 물은 마치 인공적으로 만든 조각품처럼 완벽하게 아름다운 형체를 만들었는데 반해, '망할놈'이라는 단어의 물은 육각의 형태조차 갖추지 못하고 뭉개져있었다.

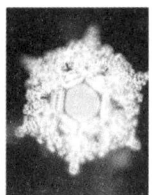

사랑, 감사   망할놈

행복은 아는 만큼 보인다

김서결(전북군산지사)

본명	개명
30 69 349	30 678 36
차 여 진	차 윤 채
49 50 437	49 587 45

요즘 세상에 결혼 안하고 혼자 사는 것이 뭐 그리 흉이 되겠냐만은 그래도 부모 입장에서 과년한 딸이 오랫동안 친하게 지내고 있는 남친이 있는데도 결혼할 생각조차 안하고 있다면 왠지 답답한 심정일 게다. 그야말로 14년 동안 사귄 남자친구가 있는데도 그 남친이 남자로 보이지 않는다는데 더 이상 결혼을 강요할 수 없었다. 다행인지 불행인지 그나마 그 남자 친구는 내 딸이 좋다며 그렇게 오랫동안 사귀었음에도 여전히 볼 때마다 예쁘고 설렌다고 하니 안심은 되었다.

그리고 딸아이는 생리 때만 되면 남들이 겪지도 않는 생리통 때문에 매달 힘들어 했다. 진통제를 7-8알을 먹어도 가라앉지 않은 통증으로 인해 온 바닥을 헤매고 뒹굴고 다녔다. 그래서 생리통 때문에 함께 밤을 보낸 적이 한두 번이 아니었다. 병원이든 한약방이든 안 가본 데 없이 다 다녀보았지만 내 딸의 생리통은 호전될 기미가 보이지 않았다. 그래서 매직 때만 되면 두렵고 떨리기까지 했다.

그러던 차에 우연이 다지음학회서 딸아이 이름을 감명 받게 되었다. 차여진 이란 이름에서 그런 증상이 있다는 말에 솔직히 반신반의 했지만 속는 셈치고 '윤채'로 개명 해주었다. 그리고 그 후 6개월가량 지났을 무렵이다.

"엄마, 요즘 오빠가 왜 그렇게 이뻐 보이지?"

딸아이조차도 자신의 감정이 이해되지 않는 모양인지 뜬금없이 이렇게 말했다. 그때 딸의 표정에서 결혼하고 싶다는 생각이 스쳐 지나가는 것이 보였다. 그리고 얼마 후 딸아이는 웨딩마치를 울렸고 지금은 행복한 신혼생활을 즐기고 있다. 더욱 신기한 것은 시간이 지날수록 생리통의 증상도 약화되어 나타나고 있었다. 개명하고 달라진 그러한 자신의 모습에서 그로인해 편안해진 일상 때문인지,

"엄마, 넘 좋아"

잔잔한 미소를 지으며 자신의 속내를 표현하는 딸아이를 보면서 나 역시 속으로 행복한 비명이 절로 났다. 그러면서 도대체 '이게 뭐지?' 하는 생각이 들었다.

예전부터 성명학에 관심이 많았던 나였다. 집안에 조카들이 태어나면 마치 내 일인 양 기뻐서 이름을 잘 짓는다는 작명소를 찾아가 이름을 선물로 주곤 했었다. 그런데 다지음학회를 알고 나자 예전에 조카들한테 선물한 이름들이 도리어 불편한 마음으로 다가왔다.

그 누구보다 개명하고 달라진 딸아이의 모습에서 도대체 어떤

원리기에 이름 하나에 이런 변화가 일어날 수 있는가? 그것이 궁금해져 직접 배워봐야겠다 생각했다.

그래서 작심을 하고 다지음학회의 문을 두드렸다. 그리고 지금은 전북 군산의 다지음지사장이 되었다. 나를 비롯하여 달라진 가족들의 모습에서 그리고 얼마 되지 않지만 개명해준 사람들의 달라진 모습에서 이보다 더 행복할 수 있을까? 이제는 내 가정의 울타리를 뛰어 넘어 담장 밖까지 변화되어가는 주변사람들의 달라져가는 모습에서 나도 모르게 콧노래가 어쩔 수 없이 나오고 있다.

지금은 나의 은인이 된 다지음……!

그 은혜를 갚는 길은 내 삶이 그랬던 것처럼 많은 사람들한테 좋은 이름으로 보답하는 것이라 생각한다. 결혼해서 예쁘게 살고 있는 딸아이와 주변 모든 분들한테 '행복은 아는 만큼 보인다.'는 것을 이름을 통해 전달하고 싶은 마음이 요즘의 내 솔직한 심정이다. 그래서 다지음학회의 이름으로 누구라도 인생을 한번쯤 바꿔봤으면 하는 바램을 가져본다.

· 연락처 ; 010-4070-7692
· 이메일 ; kyk1141@naver.com
· 사이트 ; www.다지음군산김서결.com

신앙생활에는 개명이 도움을

머리숱이 없는 대학생 남자가 있었다. 이 학생은 고민 끝에 방학이 되자 힘들게 아르바이트해서 번 돈으로 마침내 머리를 심는 수술을 받게 되었다. 거울을 본 대학생은 정말로 몰라보게 많아진 그의 머리숱을 보고 너무 기뻐 그날로 당장 어머니가 계시는 시골집으로 달려갔다. 집에 이르자 대문을 힘차게 열며 크게 외쳤다.

"어머니, 제 머리 좀 보세요. 이젠 더 이상 머리 때문에 걱정 안하셔도 돼요. 기쁘시죠?"

그런데 그렇게 평소 아들의 머리숱이 적어 걱정만 하던 어머니가 기쁜 내색을 하지 않고 조용히 말했다.

"애야, 너 영장 나왔다"

혹여 라도 우리의 신앙생활이 이 학생과 같지 않은지 한번쯤 곱씹어 봐야 한다. 지옥 가는 것이 두려워 열심히 노동해서 원하는 것을 얻었다고 생각했는데 그게 도로 아미타불이 된다면 어떻게 되겠는가?

어떤 스님(교인)이 모든 중생을 제도(선교)하겠다는 대원(大願)을 품고 성불(십일조)하므로 극락(천국)에 간다고 믿고 열심히 수행정진(구제와 봉사)을 했는데, 훗날 영계의 세계에 가서 그게 헛것임을 알고 지옥에 떨어졌다면 얼마나 억울하고 분한 심정이겠는가?

그러기 때문에 목사라면 설교단상에서 우리의 죄를 지적하고 어떤 것이 하나님의 심판인가를 정확하게 전달해야 한다. 그리고 그걸 덮어 버리는 하나님의 은혜(십자가)가 어떻게 우리에게 전가되어 구원이 되는지를 성경말씀을 통해 대언만 해야 한다.

대부분의 사람들은 교회만 가면 그게 신앙생활인 줄로 착각한다. 그러니까 내 자식을 잘 가르쳐주고 내 자식이 좋아하는 프로그램을 많이 만들어 즐겁게 해주는 교회는 무조건 최고라 생각한다. 그렇지만 이걸 분명하게 깨달아야 한다. 그 사람이 정말 하나님 자녀가 맞다면 하나님은 그 사람한테 분명히 손을 대실 거다. 맘몬(물질, 자식, 명예, 인기, 재능 등)과 하나님을 동시에 섬길 수 없기에 하나님은 그런 상태를 끝까지 보고 있지 않으신다. 그 자식을 치므로 은혜가 무엇인지를 가르쳐 주기 위해 하나님께서 직접 손수 끊어내신다는 사실이다. 그게 바로 하나님의 징계다.

대부분의 사람들은 자기의 의와 평판과 인기를 위해 교회에 앉아 있다. 그들은 전부 율법에 사로잡혀 선교도 하고 구제도 하고 헌신도 죽어라 한다. 그래야 자신들의 자존심이 추켜세워지고 명분도 뚜렷하게 생기기 때문이다.

인간은 명분을 주면 목숨도 아끼지 않고 버린다. 그렇지만 복음은 그런 게 아니다. 자신의 연약함을 알고 힘이 없는 존재임을 처절히 깨달아 하나님께만 의존하는 것을 믿음생활이라 한다. 교회에서는 그걸 덮고 가시는 하나님의 은혜와 긍휼과 사랑을 성경

말씀을 통해 배우는 거다. 그런데 그걸 제대로 가르치는 교회가 얼마나 되는가?

그야말로 하나님을 믿는다고 하는 자들이 전 세계에 수십억이 되는데 이 시대에 믿는 자가 거의 없다고 할 정도로 찾아보기 매우 어렵다. 전부 지옥 갈 인간들만 예배당에 앉아 두 손 번쩍 들고, '할렐루야!'를 외치고 있다. 복음이 뭔지 눈곱만큼도 이해 못한 인간들이 수천 명 혹은 수만 명씩 모여서 짧은 설교를 듣고 서로 은혜 받았다고 너스레만 떨고 있다.

그들이야말로 예배당에 뭣 하러 가는지 모르겠다. 교회에 헌금 내고 십일조 갖다 바치는 대신에 그 돈으로 좋은 학원에 등록하면 더 재미있고 흥미로운 프로그램들이 많은데 무엇 때문에 예배당에 그 어마어마한 십일조를 내고 앉아 있는가?

이유는 간단하다. 천국 가는 티켓을 사기위해 미리 보험 들고 보험료 지불하는 거다. 안 가면 왠지 찜찜하고 두려우니까 그거라도 내고 앉아 있으면 맘이 편하기 때문이다. 그런데다 마침 내가 듣기 좋아하는 말들만 골라서 해주니까 거기에 위안을 삼고 매달 꼬박꼬박 보험료(십일조) 이외에 건축헌금도 척척 투척한다. 그래야 복 많이 받는다고 하는데, 그깟 건축 헌금 많이 내고 또 그에 따른 상급으로 많이 받으면 밑지는 장사는 아니라고 생각해서다.

오늘날의 교회는 십일조 꼬박내고 구제와 봉사와 선교와 주일 잘 지키면 그걸 선한 삶이라 그런다. 그러나 성경에선 자기 의(義)에서 벗어나지 못하는 삶은 전부 악이라 규정했다.

그런데 그게 성경을 통해 악(惡)임을 깨닫고 성령(보혜사)의 인도함으로 진리의 말씀(성경)이 점차 보이기 시작하면 그때부터 내 삶에서 진정한 봉사가 나오고 구제가 나오며 헌신이 나온다. 그리고 그때 비로소 하나님을 경외하는 마음이 충만하게 차오르면서 진정한 이웃사랑이 나오는 거다.

그 전까지는 교회에 다닌다고 하지만 전부 자식에 대한 걱정, 명예에 대한 기대, 물질에 대한 욕구, 이성(사랑)에 대한 집착일 뿐이다. 그 집착이 바로 나와 내 상대를 죽이는 거다. 우리가 사랑이 아닌 집착을 할 때 상대(자식, 남편, 형제, 애인 등)가 변심을 한다. 그때 상대를 쫓아가서 둘 다 밟아 버리는 그걸 집착이라 한다.

그러나 사랑은 뭔지 아는가? 내가 마음 아파도 참고 인내하며 그를 살려내는 걸 사랑이라 한다. 모든 인간들이 집착을 하면서 그걸 사랑이라 착각하고 있다는 점이다.

그러므로 미래(천국)에 대한 불안이나 궁금증을 조금이나마 해결해 보고자 하는 마음이 있다면 그게 바로 개명이라 생각한다. 아무리 교인이라 해도 육의 몸을 입고 있기 때문에 이 험난한 세상을 살아감에 있어 늘 평안할 수만은 없다. 세상적인 두려움과 불안의 생각들이 신앙생활에 걸림돌이 된다면 즉 생활고에 지쳐 성경을 읽는데 게을러지거나 기도에 방해요소가 된다면 차라리 좋은 이름으로 개명하는 것이 좋다. 그래야 평안한 가운데 온전히 말씀만을 상고하고 영생을 위한 기도만을 할 수 있기 때문에 개명하고 안정적인 생활을 찾으라는 거다. 따라서 교회들이야말로 하나님의 말씀을 알아가기 위한 노력의 일부로 개명을 한다고 생각한다면 그것만큼 믿음생활에 떳떳하고 당당한 것은 없다고 본다.

하나님께서 자식 만들기 위한 프로젝트로 징계를 내리셨는데 그 문제를 해결해 달라고 교회에서 기도한다면 그것처럼 어리석은 일은 없다. 왜냐하면 그 기도는 분명 들어주지 않기 때문이다. 차라리 그런 기도에 매달려 헛수고를 할 거라면 좋은 이름으로 개명하여 평안한 가운데 믿음생활에 집중하라는 거다. 그런데 그걸 온전히 깨닫고 이름의 중요성을 인식하는 교회가 과연 몇이나 있을까?

성명학을 배우고 나서야

김선경(전북익산지사)

```
719  485  31
 김    현    이
597  263  19
```

　내 이름에서의 문제점은 성과 이름 첫 자의 경계에서 천간의 9.4가 흉재로 작용하고 있다. 그렇더라도 이름 끝 자에서 1의 생을 받아 3이 건재하므로 그나마 나의 사고는 늘 계획적이고 주도적인 일 처리로 남보다 앞장서는데 한몫했다.
　더욱이 성의 7.1.9의 영향으로 학구적이며 절약가적인 기질이 다분했고 5.9.7에 영향으로 매우 활동적인 성향으로 이어졌다. 그러다보니 결혼 후 자식교육에 있어서도 그 기질을 그대로 실천했고, 공부에도 일각연이 있어 아이들 학원비에 쏟는 돈이 아깝다는 생각에 큰 아들이 중학교에 입학하면서부터 약국근무시간 외에 나의 모든 시간을 아들의 공부에 쏟아 부었다. 사실 약국에서도 틈만 나면 인터넷을 뒤져가며 학습 자료와 정보를 찾아 프

린트하고 직접 제본까지 하는 등 거의 종합학원 강사 수준이상이었다.

　다행히 이러한 나의 열정에 아들은 순순히 따라주었고 공부를 좋아하다보니 성적은 늘 탑이었다. 하지만 딸은 똑똑함에도 불구하고 어릴 적부터 관심사가 여러모로 다양해서 공부보다는 다른 것에 더 관심을 갖는 편이었다. 그러다보니 심성이 착하고 말 잘 듣는 아들한테 유독 더 신경을 썼다. 딸은 그러한 엄마한테 관심을 끌기위해 내가 싫어하는 짓만 골라서 일부러 하는 듯했고 그럴수록 딸과 나와의 관계는 불필요한 신경전만 계속되었다.

　아들은 중 1때부터 서울대 입학을 목표로 모든 시간을 거기에 맞추어 심도 있게 관리해 나갔다. 그야말로 공부시간외 것은 거의 허용하지 않을 정도였다.

　이러한 착한 아들이 묵묵히 따라준 덕분에 학원에 돈 많이 쏟아 부은 애들보다 훨씬 더 나은 실력을 갖추고 있었고 엄마의 말도 반항 없이 잘 들어주었다. 그러한 아들을 곁에서 지켜보는 내 마음이야말로 아들이 목표한 것을 이루면 그 누구보다 희열을 느꼈고 어쩌다 시험에서 실수하게 되면 아들보다 내가 더 속상해하고 안타까워했다. 아들은 남들처럼 비싼 학원이나 과외를 받지 않았지만 전주 최고의 명문인 상산고에 당당히 입학을 했다. 그리고 고 3때는 수능결과를 미리 예측하고 싶어 유명하다는 철학원 쌤한테 자문을 받기도 했다. 그분 말에 의하면 충분히 국립대 갈 운명이니 절대 재수시키지 말라는. 즉 상산고 학생에게 국립대란 바로 서울대를 지칭한 거였다. 그래서 나와 아들은 그 쌤의 말에 기대에 부풀어 있었다. 하지만 첫 수능시험 결과는 그 쌤의 말과는 달리 좋지 못했고 결국 재수를 선택했다.

　운세를 족집게처럼 잘 맞추어 그 누구한테는 유명한 사람이 되었는지 모르겠지만 그 유명하다는 철학원 쌤의 점괘는 나하고는 맞지 않았다. 그러다보니 내 인생을 남에게 물어보고 그것이 맞지 않아 나 스스로한테 실망하는 것이 왠지 부끄럽고 어리석게 느껴졌다.

그러다가 우연히 재방송으로 방영된 '이름에 비밀이 있다'라는 프로를 보게 되었다. 그 후로 중심 운 4의 성향 탓인지 내 스스로 인터넷을 뒤져가며 셀프작명을 하기 시작했다. 그러면서 아들이름 후보 몇 개를 간추렸다.

그러던 어느 날이었다. 그날도 열심히 인터넷 서핑을 하고 있는 중에 한글구성성명학회의 'TV특강'이 눈에 들어왔다. 그때는 가볍게 한번 들어나 보자는 심사로 25회의 방송강의를 전부 보았다. 그야말로 시간만 나면 봤고 어느 때는 밤을 새워가며 들을 때도 있었다. 무려 25회나 되는 방송강의를 다 듣고 나자, 그때 비로소 올바른 성명학을 만났다는 기분이 들었다. 그래서 지체 없이 예지연회장님께 전화를 걸었고 가족의 이름 모두를 감명 받았다.

그런데 아들이름은 개명할 정도는 아니라면서 나와 딸 이름을 개명하는 것이 좋겠다고 하셨다. 방송을 통해 구성성명학의 이론을 어느 정도 믿고 있기에 한 치의 망설임 없이 개명을 의뢰했다.

그리고 얼마의 시간이 흐른 뒤 구성성명학 이론을 좀 더 깊이 있게 알고 싶어 정식으로 수강신청을 하고 배웠다. 막상 배우고 나자, 내 본명의 이름을 보고 왜 개명을 권유했는지도 알게 되었다.

앞서와 같은 경계선상의 9.4도 문제였지만 성과 이름을 따로 분리하여 불릴 경우 남편을 극하는 4.8과 재물을 극하는 지지의 2.6이 흉재로 작용한다는 것을 알았다. 그래선지 늘 자식한테 전전긍긍하고 나의 학습관을 아이들한테 강요하는 것도 이러한 배합의 작용 때문이란 걸 알았다. 또한 성에서 7.1의 배합이 지지에서 반복적으로 7.2가 나타나다보니 나의 몸을 돌보지 않는 것도 이름의 영향 탓임을 알게 알았다.

그리고 딸 이름에 나타난 9.3.9.3 때문인지 엄마가 자기 꿈을 깨버렸다고 늘 입버릇처럼 말했던 딸애의 불만이 이름 안에 고스란히 나타나 있음도 알았다.

뿐만 아니라 4.8의 작용으로 가족에게 항상 자상한 남편임에도 불구하고 뭔지 모르게 늘 남편한테 못마땅해 했던 것도, 또한 2.6인 파재의 작용으로 알게 모르게 형제한테 목돈을 빼앗겼던 것도 전부 이름 때문이란 걸 알게 되었다.

아울러 남편의 이름에 3.9.0이 반복적으로 있다 보니 우울증으로 남몰래 시달리고 있었지만 솔직히 나의 관심은 오직 아이들한테만 집중되어 있었다. 그러다 보니 남편의 심리상태를 파악할 겨를이 없었고 또한 그렇게 고생하는 줄도 실은 잘 몰랐다. 주변에서 얘기해 주어 나중에 알아차렸다.

무엇보다 2016년도는 가족 모두가 개명하고 나서 그 후로 많은 변화가 있었다. 제일 첫 째는 나 자신부터 자식에게 씌웠던 올가미를 벗겨 버리고 아이들과 소통하다보니 자식들한테 엄마가 달라졌다는 기분 좋은 소리를 듣게 되었고, 특히 딸아이는 엄마가 내 친구가 되어줘서 고맙다며 눈물까지 보였다.

그리고 건강이 최고라 생각되어 열심히 운동을 시작한 덕에 2021년도는 내가 기대하고 소망했던 체력단련을 기분 좋게 성취시키고 나서 멋진 바디프로필도 찍었다. 이어서 두 번째는 한동안 웃음을 잃었던 남편의 모습에서 환한 웃음을 수시로 볼 수 있어 좋았고 이젠 너무 웃음이 잦아 싱거워 보일 정도로 우리 가족 모두는 그저 즐겁고 마냥 행복하기만 하다.

그야말로 내 사주를 어느 정도 알고 있는 상태서 흔히 내 사주대로 말한다면 몇 년 전부터 몸이 아파야 했고 또한 모아둔 돈도 하루아침에 날려야 하는 운이었다. 그렇지만 그런 기우는 전혀 일어나지 않았다. 도리어 좋은 이름의 개명 덕에, 과거에 들어둔 보험혜택으로 임플란트도 공짜로 했고 보험금도 이천만원 가량 더 남았다.

뿐만 아니라 운동으로 단련된 내 몸매는 처녀 때보다 월등 더 예쁜 몸매로 재탄생되었고 그러다보니 주변사람들로부터 나이를 거꾸로 먹는다는 기분 좋은 소리도 자주 듣는다. 그리고 9.4로 이제는 그것이 도리어 다지음의 익산지사장으로서의 새로운 타이틀로 숨은 관성의 역할을 톡톡히 해주고 있다.

오랫동안 약국을 운영하다보니 고객과의 친분도 꽤나 넓고 크다. 그래서 처방전의 이름을 보고 그에 따른 길흉여부를 눈치 보지 않고 설명해 주면 의외로 개명한 사람들이 많다는 걸 알게 되었다. 그런데 그 개명한 이름들이 한결같이 잘못된 배합으로 바뀐 것이 문제였다. 그런 이름들을 볼 때마다 솔직히 답답하고 안타까운 마음이 들었다.

그래서 고객의 보호차원에서도 그렇지만 그보다 잘못된 이름 때문에 흉한을 맞게 될 사람들을 미연에 방지하는 것이 더 급하게 여겨졌다. 그래서 좋은 이름으로 지어주고 싶어 다지음지사도 결심했다. 그러다보니 요즘은 모두에게 좋은 이름으로 희망의 메시지를 전해주고 싶은 마음만 가득하다.

· 연락처 ; 010-9612-3230
· 이메일 ; rmfls7739@naver.com

왜 탄탄대로인가?

지금은 조용해졌지만 그동안 끝없이 싸움을 걸어온 대구 모 성명업체와 몇 년 동안 밥그릇 싸움을 놓고 전쟁을 치르다 보니 그게 너무 지겨워 소송을 안하려고 했다.

그런데 문제는 학회가 커지자 그에 따른 분란이 일기 시작했다. 이 분란의 시작은 엄밀히 따지면 2021년 7월부터 이미 일어나고 있었다. 내가 2015년 복음에 관련된 책을 쓰기 위해 일선에서 물러나 이곳 강릉 첩첩 산중서 집필에만 집중하고 있었다. 그러다보니 온라인 마케팅을 잘하는 10%의 지사만 활발하게 잘되고 나머지 90%는 작명수입이 저조했다. 2018년 당시 42개였던 지사가 2021년에는 80여개로 확장되어 현재는 120개 지사가 되었다. 그러다보니 작명수익이 안 되는 지사들한테 늘 미안한 마음이 들었다. 그래서 이를 어떻게 홍보하는 것이 가장 효율적인 방법인가를 궁리하다가 온라인상에서는 '다지음tv'인 유튜브라 생각했고 오프라인에서는 책이라고 생각했다.

다지음이 법인으로 사업을 시작한지 십여 년이 지났지만 아직도 구성성명학을 모르는 사람들이 태반이다. 최소한 전 국민 중에 10%만 우리 학회를 알아도 150개 지사가 활발하게 돌아갈 수 있다. 대개의 사람들이 다지음의 한글구성성명학을 모르다 보니 작명원이나 철학관 가서 이름을 짓는다. 그러다보니 잘못된 이름으로 힘들게 살아가는 사람들을 너무 많이 보아왔다. 그 누구보다 이름의 중요성을 절실하게 깨닫고 있는 나로서는 하루라도 빨리 우리학회를 알려야 좋은 이름으로 삶의 질을 향상시킬 수 있고, 또 그래야 지사들의 수입도 그만큼 좋아질 거란 생각이 들었다.

그래서 강릉서 집필만 하던 것을 잠시 뒤로 미루고 학회 일에 나서기로 마음 먹었다. 그런데 어느 날 불현 듯 장소에 구애없이 강의를 할 수 있는 라이브 줌(Zoom) 강의가 떠올랐다. 어떻게 보면 이 또한 코로나 덕이 아닌가 싶다. 그래서 시도한 것이 강릉에서도 할 수 있는 라이브 화상 강의였다.

아울러 우리나라에 교인 숫자가 천만이다. 그런데 교회가 이름을 미신으로 오해 하고 있다 보니 흉한 이름 때문에 힘들게 살아가는 교인들이 너무 많다. 그래서 성경에서 말하는 이름이란 무엇인가? 그걸 밝혀 교인들이 좋은 이름으로 개명하여 좀 더 나은 삶을 통해 온전한 신앙생활을 하길 소망했다. 그래서 2021년 가을부터 2022년 2월까지 성경에 나타난 이름에 대한 성경구절들을 일일이 다 찾아내 '성경과 이름'이란 책을 교회들을 위해 출간했다. 그리고 곧바로 지사들의 후기모음과 이름 자체가 하나님의 이르신 말씀임을 밝힌 '운명의 비밀이 이름(성경)에 있다'의 책을 연이어 출간했다. 학회홍보나 이름의 중요성을 알리는데 책만큼 좋은 것이 없다. 그런데 문제는 우리 학회에 불교인들이 많다보니 기독교성향의 책이란 생각이 들어서인지 불만과 그에 따른 반대의견들이 쏟아져 나왔다. 그래서 서둘러 몇날 며칠 밤을 꼬박

새워가며 이번 책을 서둘러 출간을 계획했다. 그렇지만 이상하게 불만의 불씨는 그리 쉽게 사그러들지 않았다. 그래서 그 원인의 불씨가 무엇인가 분석해 보았더니 한 개인의 욕심에서 발생한 불씨였다.

다지음서 가맹지사를 했던 서울의 윤ㅇㅇ가 다지음학회를 그만두고 곧바로 자신의 이름을 건 '윤ㅇㅇ 심리성격성명학회'란 상호와 '심리성격성명학'이란 상표만 바꾸고 한글구성성명학의 이론으로 영업을 하고 있었다. 그런데 이러한 사태가 서울의 윤ㅇㅇ만 해당되는 것이 아니라 현재 다지음 내에서도 비슷한 조짐이 일어나고 있었다.

그동안 대구의 某 성명학회와 소송으로 시달려온 나로서는 단순히 상표등록이나 서비스표 등록만으로는 학회를 지키고 보호할 수가 없다는 생각을 진즉부터 갖고 있었다. 왜냐하면 모 성명학회처럼 '파동성명'을 상호나 상표로만 사용하지 않으면 특허법에 저촉되지 않기 때문이다. 그러다보니 파동의 원조라 자처하는 그 업체야말로 다른 사람들이 상호와 상표만 바꾸고 이론을 그대로 사용하다보니 결국엔 사양길로 접어들고 말았다.

그러한 과정을 1998년부터 줄곧 지켜본 나로서는 150개 지사를 계획하는 동안에, 지식재산권인 한글구성성명학을 지키기 위해 공정거래위원회에 정식으로 이론을 등록했다. 다지음은 무형의 자산을 판매하는 가맹업체다. 그래서 2016년 한글구성성명학 이론과 작명 비법을 보호받기 위해 정식으로 등록했고, 그로인해 매년 가맹거래사한테 수 십 만원의 돈을 지불하면서 지금까지 그 관계를 유지하고 있다.

그런데 이상하게 최근 들어 서울의 윤ㅇㅇ와 똑같은 생각을 품고 있는 지사가 있을지 모른다는 생각이 들어 소송을 대비하고 있었는데, 그러한 염려가 결국 얼마 전에 발생하고 말았다. 그러한 조짐을 진즉부터 감지하고 있는 나로서는 똑같은 불상사가 또 일어나 학회가 분열 되서는 안 된다는 생각에 특단의 조치로 윤ㅇㅇ성명학회를 상대로 소송을 제기할 수밖에 없었다.

그동안 수없이 소송에 시달리다 보니 내가 먼저 소송을 제기하지 않겠다고 결심했지만 학회를 지키고 보호하기 위해서는 어쩔 수 없는 결정이었다.

그래서 서울의 윤ㅇㅇ심리성격성명학회를 상대로 영업비밀조항에 따른 손해배상과 부정경쟁방지법에 따른 손해배상액 7천 7백만원에 따른 소송을 제기했다. 그와 함께 지식재산권 침해금지 가처분 신청도 함께 했다.

영업비밀조항에 따른 손해배상이나 부정경쟁방지법에 따른 손해배상액을 청구하려면 먼저 원고가 영업비밀 유지를 위한 합리적인 노력과 비밀로 여겨지는 정보를 제대로 관리했는지를 놓고 법에서 판단하기 때문에 그동안 수십 권의 책과 저작권, 상표권, 서비스표권 또는 공인 민간자격증, 사단법인 설립 등을 미리 미리 준비하여 이를 관리해 왔다. 무엇보다 부정경쟁방지법은 다른 사람의 상당한 투자와 노력으로 발생한 성과 등을 타측이 이를 고려하지 않고 자신의 영업에 무단으로 사용하여 경제적 이익을 침해하는 것이 바로 부정경쟁방지법 행위에 해당하는 거라 계약서 제 37조에 손해배상 조항에 이를 상세히 기재했다.

무엇보다 구성성명학 이론과 작명 비법을 보호받기 위해서는 구성성명학이 단순한 파동성명인 것만이 아니라 사주명식을 접목한 사주성명학이라는 것을 입증하기 위해 음양오행의 이론과 오행도표의 그림들과 자음과 모음의 원리 등의 도표 등을 상세하게 기록하여 이를 국내 최초로 공정거래위원회에 제출했다.

따라서 ㈜다지음에서는 서울의 윤ㅇㅇ와 같은 일들을 미연에 방지하기 위해 모든 것들을 완벽하게 갖추고 소송을 준비하고 있기 때문에 언제든 소송을 제기하면 100% 승소할 수 있다. 따라서 혹여 라도 노파심에 하는 얘기지만 전국 어디서든 그런 생각들을 갖고 있는 사람들이 있다면 그 생각의 싹부터 잘라버려야 한다.

　최소한 다지음과의 소송에서 맞서 싸워 이기려면 구성성명학의 이론과 맞대응할 수 있는 다른 논리의 자료를 갖추고 있어야 한다. 그렇지만 내가 알기로는 전국 그 어디에도 이를 입증할 만한 학회도, 업체도 없다고 장담한다. 왜냐하면 이를 입증할라치면 최소한 2016년 공정거래위원회에 등록하기 이전의 자료들로 입증해야 하는데 한글구성성명학 이론과 작명법은 오직 ㈜다지음 한 군데서만 최초로 등록했기 때문이다. 그래서 없다고 확신하는 거다. 만에 하나라도 그런 생각을 품고 있다면 그 생각부터 버려야 한다. 특히 다지음 내에서라면 더욱 더 그런 탐심을 버려야 모두를 위한 일이 된다. 그러기 때문에 ㈜다지음의 한글구성성명학은 그 누구도 흉내 낼 수 없는 지식재산권을 독점하고 있는 학회다 보니 탄탄대로로 갈 수밖에 없는 가맹사업임을 거듭 강조하는 바다.

개명의 덕을 톡톡히

안규림(강원양양지사)

042 60 18
안 매 리
486 04 52

　회장님 남편과 우리 남편은 농구부 출신으로 함께 산업은행에 근무한 선후배 사이다. 강릉으로 회장님이 이사 온 후로 가끔씩 횟집에서 두 부부가 만나 소주잔을 기울곤 했다. 술좌석에서 이런 저런 얘기가 오가는 중에 이름에 대해 얘기해 주면 솔직히 그때까지도 그다지 귀에 들어오지 않았다. 그러던 중에 전문직종의 두 아들들이 결혼할 생각을 하고 있지 않아 답답한 마음에 강릉으로 찾아가 운세 상담을 요청했다. 그랬더니 성명학을 하고 난 이후로는 사주에 관련해 일절 보지 않는다며 우리 가족의 이름을 물었다. 상세하게 네 사람의 이름에 대해 풀이해주더니 남편의 이름만 무난하고 나와 두 아들의 이름은 좋지 않으니 개명할 것을 적극 권했다.

특히 내 이름에 자식을 극하는 0.4가 성에도 있는데 이름에서 또 한 번 반복적으로 나타나는 것이 좋지 않으니 여성의 이름에 이런 수리 배합은 자식들의 발목을 잡는 거라며 더욱 개명을 강조했다. 당시는 이런 저런 답답한 일들로 마음이 혼란하던 때라 아무 생각 없이 개명했고, 일사천리로 법적 개명까지 끝마쳤다.

그리고 개명한지 5년이 지난 지금은 우리 스스로가 생각해도 많은 변화와 발전이 있었다. 첫째, 두 아들들이 약속이나 한 듯 연이어 결혼 했고 토끼 같은 예쁜 아기들을 순탄하게 낳았다. 손주가 태어날 때마다 이름을 부탁했고 그리고 주변에 힘들게 사는 사람들이 있으면 혹시 이름 때문인가 싶어 강릉 회장님 댁으로 보내면 친절하게 상담과 동시에 작명을 해주곤 했다.

지난해는 의사인 큰 아들이 아기를 낳아 이름을 부탁하러 갔더니 제발 집필하는데 방해가 되니 상담 손님들 그만 보내고 나더러 직접 배워 지사를 하라고 권했다. 사실 지사권유는 예전부터 했었지만 팬션을 하다 보니 바쁜 일정 때문에 공부할 시간이 없었다. 그러다가 코로나로 인해 손님이 뜸해지자 어느 정도 시간적인 여유가 생겼다. 그래서 지난해 양양지사를 계약하고 지금 열심히 열공하고 있다. 막상 성명학 공부를 하면서 내 이름을 풀이해 보니, 왜 그렇게 회장님이 개명을 강조했는지 알 것 같았다.

이름 끝 자의 5.2나 0.4나 성에서의 4.8 모두 흉한 배합의 이름들로만 이루어져 있다. 성이야 어쩔 수 없다손 치더라도 이름조차 이렇게 흉으로 이루어져 있으니 돈을 벌어도 쉽게 버는 것이 아니라 남보다 두 배 이상의 노력으로 힘들게 벌 수 밖에 없었다. 장남인 남편 때문에 늘 형제로 인해 돈이 나갔고 시부모님의 생활비도 장남인 우리 몫이었다. 그러니 늘 바쁘게 살아갈 수밖에 없었던 것이 다 이름 때문이었다.

아직은 성명학 지식이 부족하다보니 주변 사람들 이름을 상담할 때 회장님의 도움을 받고 있지만 그래도 나름 열심히 공부하고 있다. 공부하면서 지인들의 이름을 풀어보면 그야말로 이름대로 살고 있는 것에 놀란 적이 한두 번이 아니다. 그래서 솔직히 얘기 하지만 이름을 풀 적마다 매번 이름의 당사자도 놀라지만 그동안 나도 숱하게 놀랐다. 그래서 그들한테 이름을 설명 해주고 개명을 권유하면 워낙 이름이 잘 맞으니까 많은 시간을 고민하다 결국 개명을 한다. 물론 지사를 개설한지 아직 일 년도 채되지 않아 개명 후에 따른 결과는 크게 나타난 것은 없지만 나의 경우를 미루어 보면 확실하게 좋은 방향으로 변화된 것만은 틀림없다. 그래서 개명한 이들도 반드시 좋아질 것을 믿어 의심하지 않는다.

아직은 공부가 부족하다보니 곁에서 이런저런 회장님의 조언으로 열심히 공부하고 있지만, 무엇보다 공부를 하면 할수록 구성성명학이 너무 재미있고 흥미로워 시간만 나면 온종일 공부만 하고 싶을 때가 있다.

금년의 나의 목표는 강원도에서 제일가는 양양지사고, 향후 5년 이내로는 전국에서 제일가는 양양지사가 되겠다는 목표를 삼고 있다. 이렇게 자신하는 이유에는 개명한 당사자들이 나와 같이 자신들의 놀라운 변화에 선전하지 말래도 선전해줄 것을 믿고 있기 때문이다.

· 연락처 ; 010-6722-2525
· 사이트 ; monti2525@naver

복 받기위해 기도할 거면 차라리 개명을!

할머니 한 분이 버스를 탔는데 짐을 올려놓고 주머니를 뒤지니 돈이 없었다. 그래서 기사한테,
"기사 양반, 미안한데 돈이 없구려."
그러자 기사가 차를 출발시키지 않고,
"돈도 없는데 왜 타요! 빨리 내리세요."
무뚝뚝하게 소리 질렀다. 할머니는 무안하고 창피하기도 해서 계속 미안하단 말만 했다. 마침 출근길이라 버스 안에 손님들이 많았다. 무리 중에는 그냥 출발하자는 사람도 있고 할머니더러 바쁘니 빨리 내리라고 소리치는 사람도 있었다. 기사 역시 차를 출발시키지 않고 계속 내리라고만 소리치니까 그때 중학생이 만원 지폐를 요금함에 넣었다. 그러면서,
"이걸로 할머니 차비를 대신하고 남은 거스름돈은 돈 없는 분이 타면 화내지 말고 태워주세요"
순간 버스 안은 조용해졌고 기사는 말없이 차를 출발시켰다. 그야말로 점점 삭막해져가는 요즘 세상에 그 중학생의 마음씨가

아침 출근길을 재촉하는 승객들의 마음을 따뜻하게 했다.

왜 세상이 이렇게 점점 더 삭막하게 변해가고 있는가? 나의 유익과 나의 이름을 위해 사는 죄인들의 본성이 이 세상을 이렇게 파국으로 몰고 가고 있기 때문이다. 그러나 엄밀히 따지면 이름 속에 내재된 파동의 에너지가 사람들을 그렇게 변하게 만든다는 사실이다.

사람을 죽이는 것도, 강도짓을 하고 어린아이를 유괴하는 것도 다 흉한 이름 때문이다. 각 개개인의 삶이 편하고 행복하다면 과연 그런 흉한 일들이 일어나겠는가? 그리고 그런 끔찍한 일들을 서슴지 않고 자행하겠는가? 그렇다면 이와 같이 사람들의 마음을 강퍅하게 하는 이유가 무엇인가? 이것만 잘 분석해도 우리가 우리의 인생의 반 이상은 파극으로 치닫게 되는 일을 면할 수가 있고 행복과 안위를 누리며 살 수 있게 된다.

사람들은 하나같이 죽어서 남게 될 자기의 이름을 위해 기를 쓴다. 그러다보니 세상이 이렇게 척박하게 변했다. 돈을 빼앗기 위해 이웃집 할머니를 죽이고, 잔소리를 하는 아버지를 친구와 함께 목 졸라 살해해 쓰레기장에 묻어버리기도 하고, 카드빚을 갚기 위해 어린 아이들을 유괴해 저수지에 던져 버리기도 하는 끔찍한 세상이 되어 버렸다.

그래서 좋은 이름만 갖고 있어도 최소한 이러한 일들은 발생하지 않는다. 이름은 험난한 세상을 살아가는데 가장 중요한 필수조건이다. 교인들은 이름을 마치 우상숭배로 착각하면서도 막상 아기가 태어나면 자기가 몸담고 있는 교회 목사한테 이름을 의뢰한다.

필자의 고객 중에 80%가 기독교인들이다. 자신의 삶이 자식이나 남편 때문에 팍팍하고 힘이 들 때 교회 가서 그 문제를 놓고 열심히 기도한다. 금식해가며 지극정성으로 문제 해결을 놓고 하나님께 기도하지만 풀리지 않을 때가 더 많다. 대개의 경우는 그 원인이 무엇인지 궁금하여 철학관이나 작명원을 찾게 된다. 타고난 운명이야 신의 영역이니 주어진 운명대로 힘들게 사는 거야 어쩔 수 없다. 그렇지만 이름에 의해 힘들게 사는 사람들을 보면 매우 안타깝다. 그래서 개명을 권유하면 한사코 목사님이 지어준 이름이라 바꿀 수 없다는 생각이다. 그런 교인들을 보면 성경을 몰라도 너무 모른다는 생각이 들어 답답할 때가 많다.

그야말로 하나님이야말로 말(稱)로 세상을 창조하셨고 그 말씀으로 하나님의 백성들과 유기된 백성들을 창세기 1장에서 나누어 놓았는데 그 뜻을 모르고 율법에 사로잡혀 엉뚱하게 고집피우고 있어 안타까워서 하는 얘기다.

하나님의 말씀 자체가 성경이고, 성경 자체가 하나님의 뜻과 계획이기 때문에 창세기 1장에서 모든 만물에 하나님께서 직접 이름을 붙이셨다. 그런데 그 본질 자체를 깨닫지 못하고 이름을 무조건 미신으로 치부하는 사람들을 보면 답답한 생각이 든다.

교인들 대부분이 흉한 이름 때문에 어렵고 힘들게 살고 있고 그로인해 고통스런 삶의 문제를 해결하기 위해 열심히 기도한다. 삶이 척박하고 곤고하다보니 잠을 설쳐가며 새벽기도나 철야예배나 금식기도를 통해 고난의 문제를 해결해 보려고 무던히 기도해 보지만 정작 그 원인이 흉한이름 때문이란 걸 대다수가 모르고 있다.

그런데 많은 교회들이 이름에 대해 오해하고 있다. 특히 교인들은 이름을 마치 미신(우상숭배)인양 치부하는데 성경에서 말하는 우상숭배가 무엇인가? 그게 바로 탐심이고 간음이다. 하늘 백성들은 오직 눈에 보이지 않는 하나님나라만 바라보고 살아야 한다. 그런데 교회가 세상 것에 눈을 돌리고 하나님보다 땅의 것에 마음을 더 쓰고 있다. 하나님보다 세상을 더 사랑하는 것을 성경은 그걸 간음이라 한다. 그런데 그 간음이 무엇 때문에 생기는가? 바로 탐심 때문이다. 성경은 탐심이 우상숭배라고 분명하게 밝히고 있다.

오늘날 처처에 수많은 교회들이 우상숭배를 하고 있음에도 그게 우상숭배인줄 모르고 있다는 사실이 더 무서운 거다. 그러다 보니 대부분의 교회들이 예수를 믿으면 이 땅에서 잘 먹고 잘산다고 생각하고 있다. 예수를 잘 믿어야 하나님께서 복을 주어 잘 살수 있다고 가르치고 있으니 모두가 그렇게 믿고 있다.

기독교는 부와 명예를 얻어 세상 사람들에게 자신을 증명하는 그런 종교가 아니다. 기독교는 자기의 죄인 됨을 고백하고 주님이 아니면 아무런 희망이 없는 더럽고 추악한 죄인임을 인정하고 십자가의 은혜 뒤로 숨는 거다. 그러므로 기독교는 눈에 보이는 것을 추구하는 종교가 아니다. 비록 눈에 보이지 않아도 하나님의 약속이 있기에 그것을 실제로 받아들이는 믿음을 발휘하며 사는 자들이다.

이와 같이 교인들은 눈에 보이지 않는 구원(영생)이란 하나님의 언약의 말씀만을 믿고 사는 사람들이지 문제 해결을 위해 하나님을 믿는 것이 아니다. 이 세상 문제 해결이나 복을 받기 위해 교회를 다닌다거나 기도하는 것이라면 차라리 좋은 이름으로 바꾸는 것이 훨씬 신앙생활에 도움이 된다. 이는 교회에서 복을 구하는 것보다 현실적으로 개명이 빠르게 나타나기 때문이다. 왜냐하면 모든 사람들은 그야말로 불러주는 이름대로 살아간다. 이름이 좋으면 풍요롭고 여유로운 삶을 살고 이름이 흉하면 궁핍하고 척박한 삶을 살게 된다. 즉 좋은 이름은 행복하게 살고 흉한 이름은 불행하게 산다는 말이다.

그러니까 교회에서 영생의 복이 아닌 엉뚱한 복(물질) 구하지 말고 차라리 힘들고 어려우면 좋은 이름으로 개명하여 현실 속의 어려운 문제들을 좋은 이름으로 극복하는 것이 신앙생활에 도움이 된다. 따라서 교회서는 하늘나라(영생)만 소망하며 기도하고, 현실적인 어려움의 문제 해결은 좋은 이름으로 바꾸어 안온한 가운데 신앙생활에 임하라는 거다. 그리고 그것이 도리어 올바른 믿음생활이라는 것을 깨달아야 한다.

구성성명학의 우수성

    한글은 입모양을 본떠 만든 세계 유일 무일한 소리글자다. 따라서 한글은 초성. 중성. 종성이 어우러져 소리가 난다. 입으로 불렸을 때, 파동에너지가 그대로 발생하는 파동성명학은 바로 한글구성성명학 밖에 없다. 무엇보다 한글은 자음과 모음이 결합되어야 소리가 날 수 있다.
    요즘 자음파동, 소리에너지라 해서 성명학이 유행하고 있다 보니 많은 사람들이 개명하고 있다. 파동, 음파, 파장, 울림, 소리에너지라 하면서 정작 자음만으로는 어떠한 소리도 나지 않는다는 사실이다.
    예를들어 김이라 한다면 ㅣ가 들어가 김이고, ㅏ가 되면 감이고, ㅗ가 되면 곰, ㅜ가 되면 굼, ㅕ가 되면 겸으로 ㅓ가 검, 이렇듯 입에서 불리워지는 소리에 의해 어떤 생각을 일으키게 된다. 이 생각이 행동으로 옮겨지면서 운명이 만들어지는 것이다. 그러기 때문에 한글은 자음과 모음이 결합되었을 때 소리(파동)가 난다.
    그렇다면 자음과 모음을 사용하는 한글구성성명학과 자음만을 사용하는 자음파동성명학의 차이를 비교를 통해 알아보도록 하자.

한글구성성명학과 자음파동성명학의 비교대비

1) 72년 壬子생 〈임정숙〉

51 46 39		551 455 379
임 정 숙		임 정 숙
62 35 40		662 366 480

551 495 359		501 415 339
엄 장 석		염 종 식
662 306 460		692 326 440

자음은 위와 같이 임정숙의 이름을 ㅇ. ㅁ과, ㅈ. ㅇ과 ㅅ. ㄱ 으로만 풀이하다보니, 엄장식이나 염종식도 똑같은 임정숙과 같은 해석이 나온다. 이 세 사람의 이름을 아래와 같이 성씨와 이름을 각각 나눠 풀이하면 해석이 천양지차가 된다.

성씨의 비교대비 (상생상극 도표보고 설명)

〈자음〉		〈모음〉		
51	531	551	541	501
임	임	엄	음	염
62	641	662	632	692

〈임〉은 자음파동에선 무조건 재물을 극해 없다고 한다만,

〈임〉은 식신생재로 재물이 있는 이름이다.

〈엄〉도 중첩된 재물을 극해줘서 재물이 많은 이름이다.

〈음〉도 〈임〉과 마찬가지로 재물이 있는 이름이다.

〈염〉은 공부와 인연이 없는 이름이지 재물이 없는 이름은 아니다.

이번에 〈정〉에 대해서 알아보겠다.

〈자음〉		〈모음〉			
45	455	495	475	315	445
정	정	장	중	종	증
39	366	306	385	426	336

〈정〉은 자음파동에선 중심에 4가 있으면 매우 흉한 중심에너지나 재물 5를 생해주어 재물은 있다고 판단한다.

〈정〉은 재물 5. 5가 중첩되면 오히려 재물이 없다.

〈장〉은 재물을 논하기에 앞서 4. 9는 자식을 극해 흉한 이름이다.

〈중〉은 4. 7로 남편과 이별수를 겪는다.

〈종〉은 1. 5로 재물을 극한다.

〈증〉은 중첩된 3. 3은 자식덕과 남편덕이 없게 된다.

〈숙〉에 대해 비교해 보겠다.

〈자음〉		〈모음〉			
39	379	359	319	339	396
숙	숙	석	속	식	삭
40	480	460	420	440	405

〈숙〉은 자음에선 자식을 극하는 흉한 이름이다
〈숙〉은 자식이 남편을 극하는 이름이다.
〈석〉은 자식이 재물을 생해 주는 이름이다
〈속〉은 총명하고 학문에 열중하는 이름이다.
〈식〉은 한자식은 귀한 자식(貴子)나 한자식은 속 썩이는 자식이다.
〈삭〉은 3. 9가 자식을 극하나 5가 0 극제해주므로 자식한테 해가 없을 뿐만 아니라 숨은 명예가 있는 이름이다.

이렇듯 같은 이름일지라도 해석이 명확히 갈린다. 그것은 소리의 파동에너지를 강조하고 있는 자음파동성명학에서는 실질적으로 자음만으로는 어떠한 소리, 즉 이름을 만들어 낼 수 없는 구조기 때문에 이름 속에 담겨진 정확한 정보를 유추할 수 없다. 소리의 파동에너지를 중시한다는 학문이 소리를 낼 수 없는 구조라면 이거야말로 어불성설이다.

이름(성명)이란?

이름을 다른 말로 하면 성명(姓名)이라 한다.
성명의 근원을 알아보면 낮에는 표정이나 제스처로 자신의 생각을 표현 할 수 있으나, 저녁때가 되면 날이 어두워 표정이나 제스처가 보이지 않아 입을 통해 자신의 의사를 전달하게 된다. 그래서 저녁 석(夕)자에 입 구(口)자를 합성해 명(名)이 되는 것이다.

$$夕 + 口 = 名$$

따라서 이름이란 우리가 늘 불러주는 소리, 즉 입으로 불러주는 구성(口聲)에 따른 파동에너지를 뜻한다. 그러기 때문에 입으로 불리는 소리는 그 속에 잠재된 기운이 파동을 일으켜 인간의 운명에 적잖은 영향을 미친다. 만약 이름에서 관성(남편)을 극하면 즉 '넌 남편하고 못살아!' 하는 이름이라면, 사람들이 불리워지는 소리(口聲)의 파동 속에 '너 그 남편하고 어떻게 사니?' 보는 사람마다 한마디씩 하면 결국 헤어지게 된다는 사실이다. 이렇듯 소리(파동)엔 그 소리만이 갖고 있는 강한 오행의 뜻이 담겨있어, 재물운, 건강운, 자식운, 배우자운. 학문운, 부모운, 명예운, 수명운 심지어 성격까지도 알 수 있다. 그러기 때문에 이름이 삶에 직접적인 영향을 끼친다.

이름에 하나님의 뜻이 숨어 있다

　어느 장로의 웃기지도 않는 재미난 이야기다. 그는 장로지만 이상하게 술의 유혹을 이기지 못해 비교적 자주 마시는 편이다.
　어느 날 그날도 상당한 술을 마시고 운전을 하고 가는데 경찰에 검문을 당했다. 음주운전으로 적발되어 이제 막 경찰서로 이송되어 가려던 중에 앞쪽에서 갑자기 교통사고가 났다. 경찰은 다급한 마음에 즉시 사고 현장으로 달려갔다. 장로는 이 때다 싶어 자동차를 몰고 손살 같이 줄행랑을 쳤다.
　집으로 돌아온 장로는 자동차를 차고지에 넣고 방에 들어가 거나해진 술 때문에 옷을 입을 채로 잠이 들었다. 그리고 몇 시간 후 현관의 벨 소리가 울리더니 장로 부인이 부리나케 남편을 깨웠다.
　"여보, 밖에 누가 왔어요. 얼른 일어나 봐요"
　장로가 눈을 비비며 문을 열었더니 경찰이 서 있었다.
　"몇 시간 전 음주 운전으로 걸린 일 있지요?"
　어떻게 이곳까지 알고 찾아왔을까 싶어 깜짝 놀랐지만 장로가

시치미를 뚝 떼고 말했다.

"난 그런 일 없습니다. 잘못 찾아 오셨군요."

그때 경찰이 빙그레 웃었다.

"정말 그럴까요? 그럼 차고지 문을 한번 열어보시지요."

장로가 차고 문을 열었다. 그때 차고 안에는 경찰차 위에 빨갛고 파란 색등이 깜박이고 있었다.

"아니, 이럴 수가!"

경찰이 말했다.

"차를 바꿔 타고 가셨더군요. 그렇지 않았다면 내가 이곳까지 찾아 올 일도 없었을텐데……."

그 사건이 일어난 후에도 장로는 계속해 술을 마시기는 하나 면허 취소로 운전은 하지 않게 되었다. 그리고 상당량의 벌금 때문에 한동안 생활비 부족으로 긴축생활을 해야만 했다.

이와 같이 우리 삶에 닥치는 시험이나 흉년은 거의 죄의 증상들로 인해 발생하는 일들이다. 그렇지만 하늘 백성들한테의 시험과 흉년은 이와 매우 다르다.

이들은 창세전에 창조의 목적과 함께 이미 정해진 하나님의 백성들로 이루어진 하나님의 사랑하는 자들이다. 그러기 때문에 이들이 하나님의 뜻을 따르지 않고 세상적인 일에 마음을 빼앗기고 살게 되면 가차 없이 그 모든 것들을 빼앗아 버린다. 처음엔 작은 매질로 시작되었다가 그래도 듣지 않으면 차츰 그 매질의 수위가 높아져 그 다음은 죽지 않을 만큼 더 큰 매질로 다스리신다. 그것이 바로 하나님의 징계인 것이다. 하나님의 징계가 바로 우리를 사랑하시는 하나님의 사랑 방법임을 깨달아야 한다.

이름도 마찬가지다. 흉한 이름 때문에 자신의 삶이 힘들고 고통스럽다는 것을 알았을 때, 그 고난 또한 구원의 도구로 주신 하나님의 뜻이라면 기꺼이 감내하겠다는 믿음이라면 모르지만 그

고난이 견디기 힘들어 하나님께 자신의 문제 해결을 위해 기도하는 것이라면 차라리 좋은 이름으로 개명하는 것이 믿음생활에 훨씬 도움이 된다.

이렇듯이 우리의 부모들 또한 자식을 향한 염원과 바람을 이름 안에 담고 싶어 한다는 점이다. 그런 부모들의 마음을 누구보다 필자가 너무나 잘 알고 있기에 구성성명학이 연구된 거다. 모든 소리에는 파동의 에너지가 있다. 입에서 불리워지는 이름의 소리에 따라 그 소리에 담겨 있는 기운이 당사자한테 고스란히 미치게 된다. 이름이 흉하면 흉한 기운 그대로, 좋으면 좋은 기운 그대로 당사자한테 전달되는 것이 파동성명인 구성성명학이다.

이름에도 명품이 있다

박혜강(제주지사)

 일주일 전의 일이다. 쌍둥이를 낳은 산모가 울먹이는 목소리로 문의를 해왔다. 유명 연예인의 아이들 이름을 지었다는 작명가한테 소개를 받고 쌍둥이 이름을 의뢰하고자 전화를 걸었는데 청천벽력같은 소리를 들었다. 작명가의 얘기인 즉슨 아기들의 사주가 좋지 않아 일반적인 작명 방식으로는 작명이 어렵다는 거였다. 우선 아기 사주에 육해(六害) 살이 있고 오행 중에 금(金)이 없다면서 이를 보완하여 지으려면 한 명당 99만원짜리 특수 작명을 해야 한다는 거였다. 그렇지 않으면 타고난 흉한 사주를 보완할 수 없다면서 고가의 작명료를 요구하는데 이를 어떻게 해야 하느냐며 잔뜩 겁먹은 목소리로 울먹였다.
 흉하다는 얘기를 듣고 특수 작명을 하자니 쌍둥이라 그 비용이 만만찮고 안하자니 걱정이었다. 그러다가 다지음 학회를 알게 되어 나한테 전화를 걸었다. 우선은 산후조리 중인 그녀를 안심시키고 싶었고 끝까지 몸조리 하는데 안정적인 마음을 주고 싶었다. 그래서 두 쌍둥이들이 잘 살아갈 수 있게 하려면 좋은 이름이

꼭 필요하니 너무 걱정하지 말고 마음이 안정되면 다시 전화하라 하고 끊었다. 아직은 그 산모로부터 전화가 오지 않아 쌍둥이의 이름을 다른데서 지었는지 어떤지는 잘 모르겠다.

그렇지만 분명한 것은 설혹 사주가 좋지 않더라도 구성성명학의 원리로 얼마든지 사주를 보완은 할 수 있는 작명법이 다지음에는 있다. 하지만 특수 작명이네 뭐네 하는 그 작명가는 애초부터 이름에 대한 중요성을 인식하지 못한 사람이다. 왜냐하면 이름이 정말 중요하다고 판단된다면 금액하고 상관없이 좋은 이름을 지어주어야 마땅하기 때문이다.

그 아기들이 좋지 않다는 사주를 보완해줄 좋은 이름을 부모에게 받았을까?

이름의 중요성을 모르는 부모는 예쁜 이름, 세련된 이름, 작명료가 적게 드는 이름을 주로 선호한다.

두 쌍둥이의 사주팔자가 같아도 둘은 다른 삶을 살아 갈 것이고 그것은 이름과 환경의 영향 탓으로 쌍둥이는 타고난 사주가 같아도 삶의 향방은 분명 다르다. 왜 일까? 그것은 이름이 다르기 때문이다. 같은 사주라도 좋은 이름을 가진 사람들이 확실히 성공하는 예가 많다.

무엇보다 이름에도 명품이 있다. 다지음을 모르는 부모들 때문에 아기들의 삶이 곤고하고 힘들어 진다면…?

· 연락처 ; 010-9863-6098
· 멜주소 ; hg6098@naver.com
· 사이트 ; http://다지음제주특별자치도.com

연예인 본명과 예명

비 / 1982년생

23	455 43 677
비	정 지 훈
89	011 09 233

　예명인 '비' 2.3은 재능을 나타내는 3이 2의 생을 받아 만능연예인의 기질을 발휘할 수 있게 하고, 8.9는 그에 따른 명성도 있게 하나, '비'에선 재물을 나타내는 5.6이 없는 것이 흠이다. 따라서 이런 경우엔 예능인으로서만 살아가면 아무런 문제가 없으나 사업가로서 야망을 불태운다면 그에 상응하는 파재가 수시로 일어난다.

　본명인 '정지훈'은, 성의 '정' 4.5.5가 재물에 대한 욕구가 강하게 일어나고, 중심운인 '지'의 4.3이 예능인으로서의 두각을 발휘하게 하나, 5.5. 4.3. 7.7. 1.1. 0.9. 3.3의 유독 많은 중복된 숫자에 의해, 재물에 대한 욕구(5.5)가 일고, 예능인으로서의 집념 (4.3)을 불태우며, 7.7에 의해 관재구설이 늘 따라붙는다. 또한 1.1에 의해 그로인한 파재가 일고, 0.9는 문서적인 변동이나 새로운 학문에 대한 도전을 시도하게 된다. 3. 3에 의해 예능인으로서의 자리매김 할 것이라 보여 진다.

인순이 / 1957년생

082 822 08	486 082 822
인 순 이	김 인 순
426 266 42	426 426 266

본명인 '김인순'의 이름에서 성을 뺀 이름만 불렀을 때가 월등 좋다. 만약 김인순의 이름으로 불렀더라면 '김' 4.8에 의해 남편과 이별이 예고된다.

다행히 '인순이'엔 남편을 극하는 숫자가 없어 결혼이 지속된다. 그럼에도 불구하고 8.2나 2.6.6에 의하면 재물이 있지만, 반면에 2.6에 의해 파재도 일어난다.

장혁 / 1976년생

839 044	899 969 811
장 혁	정 용 준
051 255	011 181 033

예명인 '장혁'은 8.3.9나 0.4에 의해 명성(인기)을 구가하게 되므로 '혁'의 2.5.5에 의해 재물적인 융성함이 있다. 아울러 결혼은 가능한 늦게 하는 것이 좋고, 만약 일찍 했다면 1.5에 의해 한 번쯤 이별의 아픔을 겪게 되지 않을까 생각된다.

본명인 정용준의 이름은 유독 1.1.1이 많은 것이 특징이지만, 이러한 1을 8이 극하므로 숨겨진 여자가 있음을 나타낸다. 즉 여자(5.6)를 극하는 1.2를 8이 극하면 다시 여자가 살아나게 되는데 이는 암장 속에 감춰진 것을 말하는 것이다. 결혼 전에 이미 이별의 아픔을 겪었다면 다행이나, 그렇지 않고 결혼했다면 이별을 강하게 예고하고 있다.

싸이 / 1977년생)
74 08   544 70 840
싸   이   박   재   상
83 97   633 89 749

'싸이'가 본명인 '박재상'의 이름으로 살았다면 지금과 같은 명성과 인기를 얻었을까 하는 의문이 생긴다. 예명인 '싸이'의 이름은 명성을 나타내는 7.4.0과 8.3.9가 선. 후천에서 중복으로 나타나, 그의 명성이 이렇듯 이름에서 극명하게 잘 나타내 주고 있다. 그렇지만 예명인 '싸이'의 이름엔 재물을 나타내는 5.6이 없는 것이 흠이다.

다행히 본명인 '박' 5.4.4가 초년의 유복함을 나타내고 또한 타고난 재물을 말해주고 있지만, 어쨌든 이름 끝자 '상'의 8.3.0이나 7.4.9가 명성을 말해준다. 그렇더라도 4.4.7과 3.3.8은 명성을 극하는 관계로 본명이었다면 지금과 같은 세계적인 스타가 되었을까 하는 의문을 가져 본다.

정말 이름대로 산다

김설경(강릉왕산지사)

  통일 신라의 태종 무열왕 김춘추의 아내는 김유신의 둘째 동생 문희 즉 문명부인이다. 김유신한테는 두 명의 여동생이 있었는데 그 첫째가 보희이고 둘째가 문희다. 그 중 첫째 동생 보희가 어느 날 꿈을 꾸었다.
  꿈속에서 용변이 급하여 서라벌 산에 올라가 용변을 보는데 자기의 소변에 온 서라벌이 다 잠기는 그런 꿈이었다. 첫째 누이 보희가 동생 문희에게 그 꿈 이야기를 하자 이지에 밝았던 문희가 얼른 비단으로 언니의 그 꿈을 사 버렸다. 그 후 김유신의 집에 김춘추가 놀러왔다가 옷고름이 떨어지는 일이 생겼고 그 옷고름을 달아주기 위해 둘째 동생 문희가 김춘추를 만나게 되었다. 그리고 결국 그 둘이 결혼을 하여 첫째 누이 보희의 꿈대로 문희가 온 서라벌을 다스리는 태종무열왕 김춘추의 아내가 되어 서라벌의 왕후가 되었다.
  첫째 누이 보희는 두고두고 동생 문희에게 꿈을 판 일을 후회했다고 한다.

정말 문희가 보희에게 산 꿈의 덕으로 보희 대신 김춘추의 아내가 된 것인가? 물론 이 설화가 가설일수도 있고 진짜 일 수도 있다. 그렇지만 성명학을 하는 사람으로서 문희와 보희의 이름을 풀이해 볼 때 꿈을 꾼 사람은 보희지만 그 꿈을 사야겠다 마음먹고 기지를 발휘한 것은 문희다. 그런데 그 기지가 문희라는 이름에서 엿볼 수 있다는 점이다.

　구성성명학에서 중첩된 것은 흉하게 본다. 따라서 강한 기운을 극제 할 때 도리어 흉이 길로 전환된다. 문헌에 문희의 나이를 밝힌 바가 없어 년도와 배합된 수리는 정할 수 없다. 그렇지만 오행으로 풀이할 때 이러한 기지를 충분히 알 수 있다. 우선 문희의 'ㅁ'은 陽水(큰물)고, 모음 ㅜ는 陽火(큰불)고 받침 ㄴ도 陽火(큰불)다. 불길이 치솟을 때는 큰물로 꺼야 한다. 그래서 좋은 이름에 해당하는데 보희는 그 반대 현상임을 알 수 있다. ㅂ는 陰水(시냇 물)고, 모음 ㅗ는 陽水(바다)다. 그리고 ㅎ은 己土(흙)다. 그러므로 큰물(바다)에 흙이 떠내려가는 형국이다. 그러므로 문희가 김춘추의 왕후가 된 것은 단순히 동생 보희의 꿈을 사서 왕후가 된 것이라기보다 이러한 귀중한 좋은 배합의 이름 때문이라 생각된다. 이와 같이 구성성명학을 배우고 나서 느낀 점이 있다면 정말 이름대로 산다는 거다.

```
719  315  157
김    인    숙
042  648  480
```

　60년생인 김인숙의 이름을 보면 여성의 이름에 자식을 극하는 9.0이 3.4를 보면 자식으로 인한 애로사항이 있다. 아울러 남편인 7.8을 3.4가 극하는 이름은 부부 해로가 어려운데 이 이름은 3.4가 7.8을 반복하여 극하고 있다. 재물적인 운세 또한 1.5의 배합이 세 번이나 반복해서 일어나고 있다. 그렇게 되면 1.2가 재물인 5.6을 파극하면 죽었다 깨어나도 아무리 수십억의 돈을 벌었다 해도 결국엔 파재로 다 잃게 된다.

 이 이름의 당사자는 젊은 시절부터 교회를 다녔기 때문에 이러한 이름에 대한 설명을 해 주었지만 크게 와 닿지 않았다. 당시는 남편과 사별로 인연이 한번 바뀐 상태라 어느 정도 수긍을 했다. 그러나 누구나 한번쯤은 풍파를 겪고 사는 것이기에 그러려니 했다. 그런데 막상 아들한테 흉환(凶患)이 생기고보니 그때부터 구성성명학을 믿기 시작했다. 그동안 아들한테 아무런 문제가 없었을 때는 이름이 흉하다는 소리를 들어도 그다지 마음에 새기지 않았다. 그러므로 자신의 이름에서 자식을 극하는 기운이 있으니 개명하라고 했을 때 이를 귀담아 듣지 않은 걸 깊이 후회하는 눈치였다.

 젊은 시절 남편을 만나 열심히 노력하여 산 덕분에 아들하나 두고 남부럽지 않게 잘 살았다. 강남의 고가(高價) 아파트에서 경제적인 어려움 없이 풍유하게 살았고 날마다 재산이 증식하는 것에 보람을 느꼈지만 그 또한 모든 것이 다 하나님의 은혜라고 생각하고 열심히 살았다. 그런데 막상 남편이 교통사고로 죽자 그때부터 인생의 내리막길을 경험하게 되면서부터 믿음 생활도 점차 멀어졌다. 경제적인 어려움을 겪다보니 그에 따른 심적인 고통으로 인해 사람들과의 관계도 소홀해 졌다. 그래서 그 모든 것을 잊기 위해 도심에서 벗어나 깊은 골짜기의 산속으로 거처를 옮겼다. 그러다가 우연찮게 지인의 소개로 자신의 이름을 상담받고 뒤늦게 개명을 하였다. 지금은 개명한지 오래되지 않아 그에 따른 결과는 아직 나타난바 없지만 마음은 편하다고 했다. 앞으로 그 사람이 좋은 이름으로 개명한 것만큼 그의 인생에 행복한 일만 가득하길 기도하고 바랄 뿐이다.

· 연락처 ; 010-5267-4225
· 사이트 ; www.다지음강릉.com
· 이메일 ; kes4217@naver.com

한글구성(口聲)성명학의 원리는?

〈상생 상극 도표〉

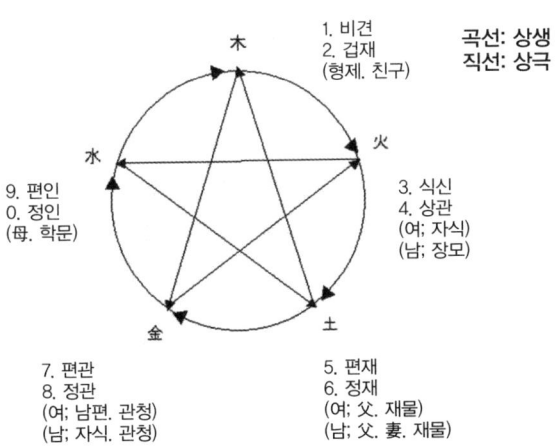

우리가 늘 입(口)으로 불러주는(聲) 이름 석자엔 인간의 가장 관심사인 건강운, 재물운, 배우자운, 자식운, 학문운 등, 사주 다음으로 상세하게 알 수 있다. 그 이유는 사주 푸는 방식을 그대로

성명학에 도입해 체계화시킨 학문이기 때문이다. 따라서 타고난 사주팔자가 바꿀 수 없는 숙명적 요소라면 이름은 운을 전환시키는 개운의 요체가 된다.

이를 좀 더 구체적으로 구성성명학의 원리를 설명하자면, 상생. 상극 도표를 기준해 육친을 대입하면 이해가 쉽다.

• 상극의 배합

⟨1.2-5.6⟩, ⟨3.4-7.8⟩, ⟨5.6-9.0⟩, ⟨7.8-1.2⟩, ⟨9.0-3.4⟩
상극이 많은 이름은 건강을 해치거나 수명이 단축된다.

건강이나 수명을 해치는 이름

079　093　994
최　　진　　실
291　215　116

이름은 거의 대부분 상극(9.3-3.0-0.4)으로만 이루어진 수리 배합이다.

494　437　505
장　　진　　영
494　437　505

대부분 상극의 배합으로만 이루어진 이름이다.

• 상생의 배합

⟨1.2-3.4⟩, ⟨3.4-5.6⟩, ⟨5.6-7.8⟩, ⟨7.8-9.0⟩, ⟨9.0-1.2⟩
재물은 5. 6의 수리이지만 이러한 수리가 3. 4에 의해 상생되거나, 7. 8에 의해 상생되면 재물운이 좋다.

- 상생의 좋은 이름

　　588　50　818
　　정　주　영
　　588　50　818
재물을 나타내는 5. 6이 상생으로 연속적으로 이어진 이름이다

　　53　957　64
　　이　건　희
　　03　402　97
이 또한 재물이 연속으로 상생되는 이름이다.

돈과 부인이 없는 이름

　고영욱(1976년 丙辰생)
　　35　949　914
　　고　영　욱
　　57　151　135

　고영욱의 이름은 3. 5에 의해 여자가 많으나, 1. 5. 1에 의해 여자가 극을 받아 가정(부인)이 없거나 불미스런 일이 발생하게 된다.
　심형래(58년 戊戌생)
　　997　251　31
　　심　형　래
　　997　251　31
　7. 2에 의해 한 때 영화제작자로 많은 돈을 벌었지만, 1. 5에

의해 결국 재물의 파재를 당했다.

　앞에서 예를 들었던 사실에서 보듯이 이름이란 사람의 운명을 좌지우지하는 중요한 매체임에도 불구하고 현실은 시대가 바뀌고 사회적 통념은 바뀌어가는 데, 중요한 이름을 작명하는 행위는 아직도 몇 백년전에 기인한 학문을 근거로 옛것에 머물고 있는 실정이다. 아무리 좋은 뜻을 갖고 있는 한자를 써서 이름을 짓더라도 그 불리움이 좋지 못하다면 과연 그 이름은 좋은 이름일까?

　우리나라는 세종대왕이라는 위대한 국왕께서 백성들을 위하여 세계 어느 곳에서도 찾아볼 수 없는 소리에 근간을 둔 훈민정음이란 글자를 만들었다. 이 글자는 자음과 모음이 결합하여 세상 천지 만물 및 소리, 빛깔등 표현하지 못하는 것이 없는 위대한 우리의 글자이다. 이런 자음과 모음이 어우러져 나오는 소리의 앙상블을 무시하고 모음을 배제한 자음만으로 이름을 짓는 기형적인 모습의 작명법도 나오고 있는 현실이다. (자음파동성명학)

　과연 모음을 배제한 자음만으로서 좋은 소리를 만들어 낼 수 있을까?

이름을 남기고 싶어 하는 이유는

 어느 교회에 담임 목사가 막걸리를 먹다가 들켰다. 그런데 교인들이 반응이 제각각으로 나타났다. 초신자는 충격을 받아 교회에 나오지 않았고, 오래된 신자는 충격 받은 초신자를 데리러 갔다가 도리어 목사의 또 다른 비리를 듣고 충격을 받아 딴 교회로 갔다
 그때 청년들은,
 "역시 우리 목사님은 앞서가는 분이야"
 이렇게 말하면서 청년회 다음 월례회 장소를 호프집으로 정했다.
 총무집사는 충격 받고 다른 교회로 떠난 오래된 신자를 찾아가서,
 "세상에 하나님 말고 믿을 놈이 어디 있냐?"
 그러면서 목사들을 싸잡아 욕하고 난 다음에.
 "당장 재직회를 열어 노회에 보고해야겠다."
 이렇게 으름장을 놓았다.

그런데 안수집사는 수석 장로를 찾아가서,
"목사청빙 광고를 내야 하지 않는가요?"
이렇게 문의했다. 그리고 1년차 장로는 다른 교회 친구한테 좋은 목사를 소개해 달라고 부탁했다. 아울러 5년차 장로는 잘 아는 좋은 목사가 있는데 그 목사를 모셔오는 게 낫지 않겠냐며 교인들을 설득했다. 그러나 그 중에 원로장로만 재직회를 열기 위해 찾아온 당회원들에게 이렇게 말했다.
"그거 술 아니고 우유야. 나도 먹어봤는데 진짜 우유야."
이와 같이 처한 환경과 위치와 상황과 생각하는 사고에 따라 생각들이 다 제 각각이다. 물론 웃자고 유머로 한 얘기지만 교회가 한번쯤은 깊이 생각해 봐야 할 문제라고 생각한다.

무엇이 죄인지 조차 모르니까 엉뚱한 막걸리로 목사를 정죄하는 그 자체가 바로 교회들의 문제점인 거다. 그런 면에서 이름도 마찬가지다. 성경에서 나타나는 이름의 속성을 모르고 무조건 미신으로 몰아붙이는 행위가 막걸리(술)의 뜻이 성경에서 무엇을 뜻하는 것인지 조차 모르고 정죄하는 그것과 같은 거다.

성경에서 나타내는 술의 의미가 무언지 정확하게만 알아도 그런 무지로 인해 사람을 정죄하는 일은 없다. 술에는 누룩이 들어가 있다. 누룩이 바로 비 진리다. 비 진리는 하나님의 말씀에 다른 것을 섞어 전하는 것이 비 진리다. 그러기 때문에 성경에 술에 취하지 말라고 한 거다. 성경이 얼마나 귀하고 보배로운 책인데 그깟 세상 사람들이 마시는 소주(알콜)를 마시지 말라고 했겠는가?

아울러 하나님은 교회들에게 하나님의 이름을 위해 살라고 하셨지, 자기의 이름을 내라고 하지 않으셨다. 그러므로 교회들은 이 세상에 자기 이름을 남기고 가는 자들이 아니라 하나님나라에 자신의 이름을 심전(心田)에 새기고 사는 사람들이다. 그래야 하늘의 생명책에 자신의 이름이 기록된 것만으로도 행복해 할 수 있다. 그게 바로 하나님의 택한 백성들의 이름 남기기와 세상 사람들의 이 세상에 이름 남기기 위한 차이고 구별인 거다. 그러므로 하늘백성과 유기된 자들의 구별의 대척점이 바로 이름이다. 하늘 백성들은 하늘나라의 생명책에 이름을 남기고 싶어 하지만, 이 땅에서의 사람들은 자기의 이름을 세상에 남기고 싶어 한다.

별명이 나를 아프게 하다

임규리(인천서구지사)

879 273 33
깜 장 애
657 051 11

'깜장애'는 나의 별명이다. 어렸을 때 누군가 나의 피부가 까무잡잡하다고 붙여준 별명이다. 그때부터 사람들은 나의 이름을 부르지 않고 자연스럽게 깜장애라고 불렀다. 그래서인가 건강하던 내가 어느 날부터인지 다리에 힘이 풀리면서 일어설 수 없게 되었다. 그러다 보니 엉거주춤한 엉덩이 걸음을 걷게 되었다. 그뿐만이 아니라 이유 없이 한 번씩 쓰러지는 바람에 응급실도 급하게 실려 가는 일도 비일비재했다. 하지만 그때는 그러한 원인과 이유를 전혀 알지 못했다. 내가 왜 그렇게 갑자기 아프게 되었는지 도통 알 길이 없었다.

그러던 어느 날, 다행히 길 가던 아저씨가 지나가다 제대로 걷지 못하는 나를 불쌍하다 생각해 그런지 주사약 하나를 주었다.

신기하게도 그 주사를 맞고 일어설 수 있게 되었지만 여전히 다리가 아프고 몸에 힘이 없어 다른 친구들처럼 뛰어놀 수 없었다. 그렇게 나는 학창 시절 체육시간에 단 한 번도 자유롭게 뛰어놀아본 적이 없었다.

그러다 23살 꽃다운 나이에 시집을 갔는데 이상하게 특별하게 치료한 것도 없었는데 결혼한 이후로 다리가 차츰 나아지더니 통증도 서서히 사라지고 몸에 힘이 생기기 시작했다. 그 덕에 임신도 하고 예쁜 아기도 정상적으로 출산했다. 그렇게 지금까지 무탈하게 잘 지내고 있다. 그때 당시만 해도 결혼 전에 많이 아프면 결혼해선 아프지 않다는 얘기를 들은 바가 있어 그런 줄로만 알았다.

그런데 한글구성성명학을 공부하고 나서야 알게 된 사실이지만 그 이유는 '깜장애'라는 나의 별명 때문이었다. 결혼하고 나서부터는 그 누구도 나의 별명을 부르지 않게 되었다는 것을 알았다. 사람들이 부르지 않으니까 별명에서 발현되는 흉한 배합의 기운들도 작용하지 않았다. '깜'에서 중첩된 7.8이 결국엔 '장애'란 이름에서 무리 지어진 3.3.3이 직업과 관성을 나타내는 7을 사정없이 극파하고 지지에서의 무리진 비견 1.1.1이 재성 5를 극하고, 별명 전체가 흉한 수리조합으로만 이루어져 있었으니 온전한 삶을 살 수 있었겠는가?

결혼하고 아프지 않게 되었다는 것을 알게 된 이유는, 나의 본명 자체가 그렇게 아픈 이름이 아니었다는 사실이다. 다른 것은 몰라도 '임씨' 성 자체가 상생으로 배합된 좋은 수리의 기운이다. 성이란 뱃속에서 씨앗이 잉태되는 순간 전체의 운을 이끌고 가는 강한 기운의 에너지를 갖고 있기 때문에 거의 사주와 같은 역할을 한다. 그런데 그 좋은 성씨인 '임'이 '깜'으로 불리웠으니 이름에서의 흉한 기운들과 맞물려 나의 건강을 공격한 것이었다.

결혼 전, 나의 의지와는 상관없이 누군가에 의해 불리워진 별명 때문에 아팠다는 것을 알게 되자 파동에너지인 구성성명학의 원리에 매료될 수밖에 없었다. 이를 오행으로 풀이하면 토성이 겹겹으로 중첩 되어 목(木)의 기운을 전부 흡수하니 뼈에 해당하는 금이 토중금매(土重金埋: 흙에 의해 금이 묻혀버림)로 전부 묻혀버리는 형국이다. 이와 같이 금(金)에 해당하는 나의 세력인 2가 많은 토성에 묻혀버린 데다 강한 목기가 또 다시 나의 기운을 사정없이 소모하고 있으니 겁재 2가 견딜 재간이 없었던 거다. '나'란 존재의 2가 전부 파극되고 매몰되어 있는데 제대로 걸을 수도 또한 뛰어 놀 수도 없게 된 것이 어찌 보면 당연한지 모른다.

　이와 같이 이름이건 별명은 함부로 지어서도 그리고 기분 내키는 대로 불러서도 안된다. 이름이란 한번 지어지면 나의 의지와는 상관없이 그 누군가에 의해 수시로 불리는 것이라 이름이 되었건 아님 예명이나 별명이나 혹은 아호가 되었든 간에 신중을 기해 지어야 하고, 좋고 나쁜지의 여부도 따져보고 불러야 한다. 왜냐하면 생각없이 부른 별명이나 예명 등이 좋게도 하고 나쁘게도 할 수 있기 때문이다.

　한글의 뜻을 응용하면 그 사람의 이름에 나타난 뜻 그대로 추출하여 사용하면 그 사람의 운명과 그대로 적중한다. 만약 이름에서의 좋은 운기가 발현된다고 하면 이름이 불릴 때마다 좋은 에너지가 상대방의 입을 통해 전달된다는 사실을 인지해야 한다. 그러므로 이름이나 별명을 함부로 불러서 나의 경우처럼 아프게 하지 말아야 한다.

드디어 답을 찾다

　대체의학에 관심을 갖고 건강 전도사로 활동한 세월이 벌써 20년이 훌쩍 넘었다. 그동안 사상체질, 온열요법, 기 치유요법 등에 관련 강의와 실전을 통해 수많은 경험과 임상을 해왔다. 그런데 의사나 대체의학을 하는 사람들이 아무리 애를 써도 그리고 그들이 아무리 발버둥 쳐도 효과를 보지 못하고 전전긍긍하는 사람들을 많이 보게 된다.
　그래서 그게 늘 고민이었다. 뭔가 효과를 볼 것 같은데 어느 정도 시간이 지나면 도로 아미타불이 되었다. 물론 나도 예외는 아니었다. 왜? 도대체 왜? 언제부터인지 모르게 그러한 의문이 꼬리에 꼬리를 물고 나를 괴롭혔다. 그러다가 사람에게는 타고난 사주팔자와 더불어 성장하면서부터 끊임없이 유동하는 우주의 파동에너지가 바로 이름이란 사실을 알게 되었다. 그동안 인간의 운명을 전환하여 개운할 수 있는 방법을 찾아보기 위해 여러 명리학 선생님들을 만나 상담 받아 보았지만 답답하기는 늘 매한가지였다.

그러다 우연찮게 다지음한글구성성명학을 소개받았다. 내 이름을 풀이하는 순간 '그래! 바로 이거야.' 하는 생각이 들었다. 소리 파동의 원리인 이름에 눈이 번쩍 뜨이면서 드디어 답을 찾았다는 안도감에 지체하지 않고 수강신청을 했다. 소리의 파동은 분명히 살아 있으며 보이지 않는 강한 에너지의 작용으로 우리의 인생을 이끌어 간다. 그러기 때문에 사람에게 있어 숙명적인 요소인 사주팔자와 더불어 가장 중요한 것은 가변성을 지닌 이름이라 생각했다. 그래서 그때부터 열심히 한글구성성명학을 공부하기 시작했다.

그야말로 세계적으로 한자를 사용하는 나라가 얼마나 되며 또한 한자이름을 받아놓고 그 의미를 아는 사람들이 얼마나 될까? 개중에는 자기 이름자도 제대로 쓰지 못하는 사람들도 있다. 그런데 그러한 한문획수의 이름풀이가 과연 얼마나 신빙성이 있고 얼마나 인간의 운명을 예측하여 가늠할 수 있겠는가? 그나마 서양인들한테는 한문획수가 적용조차 되지 않는다. 그야말로 이 말도 안 되는 81수리 한문획수의 이론이 내게는 무용지물로 치부되었다. 막상 구성성명학을 배우고 나자 운명을 개운하고 전환할 수 있는 것은 이름밖에 없다는 생각이 들었다. 그러다 보니 현재는 사상체질, 온열요법, 기 치유요법 등인 대체의학이 전부 관심 밖으로 밀려났고 지금은 오로지 구성성명학에만 전념하고 있다. 그동안 불투명했던 모든 의혹들이 구성성명학을 통해 확연히 깨달아지자, 비로소 답을 찾은 기분이다.

그동안 길지 않는 시간이지만 많은 사람들의 이름을 통해 상담해 주고 개명하면서 개운의 길로 인도했다. 그중에 감사하다고 전화하는 사람들을 볼 때마다 세상을 다 얻은 것처럼 행복했고 자부심도 느꼈다. 우리에게는 운명이란 선천운이 있지만 그보다 더 중요한 것은 누군가에 의해서 늘 불리워지는 이름이란 후천운이 있다. 그게 바로 소리에서 발산되는 파동 에너지다. 그러므로 누구라도 타고난 선천운이 좀 불우하다 하더라도 그 불운을 해결하는 방안으로 구성성명학을 권한다. 지금은 개명 자체가 개운의 요체임을 자신 있게 말할 수 있는 것도 어떻게 보면 감사의 인사를 받은 덕분이라 할 수 있다.

· 연락처 : 010-5793-2878
· 이메일 : quemeena6688@naver.com

이름은 내 운명!

정미휴(부천원미지사)

'한 송이 국화꽃을 피우기 위해 봄부터 소쩍새는 그렇게 울었나 보다'의 서정주님의 시가 문득 떠오르는 요즘이다. 이 한 소절의 시가 바로 내 삶을 대신 대변해 주고 있기 때문에 더욱 그러하다. 내 나이 60대에 들어서서 지난 인생을 돌이켜 보니 그 시간들이 주마등처럼 빠르게 스쳐간다. 결코 짧지 않은 세월이다. 척박한 환경에서도 겨울 고목나무에 꽃을 피우기 위해 30대 중반부터 20년 넘는 시간 동안 오행 공부에 매진해 왔다.

내 사주는 동지 달 엄동설한에 태어난 한겨울 고목나무다. 세찬 파도와 홀로 싸우면서도 굴하지 않고 악착같이 버티고 서있는 낙락장송의 모습이다. 딱 봐도 춥고 외로운 사주다. 이렇듯 나는 춥고 외로운 인고의 세월을 숙명처럼 살아왔다.

성명철학원을 운영하던 어느 날, 나는 우연히 사주를 보지 않고 이름만으로도 운명을 유추해 낼 수 있다는 한글구성성명학을 만났다. 처음 지인으로부터 소개 받았을 때만 해도 사실 반신반의했다. 오랫동안 사주명리학을 공부한 나로서는 말도 안 돼는 얘기라고 생각했기 때문이다. 과연 그럴까?

그러나 구성성명학은 기대 이상으로 그러했다. 구성성명학은 그 긴 세월동안 내가 힘들고 어렵게 공부해온 역학이란 학문을 단 한 방에 다 날려 버리게 만들었다. 구성성명학은 그동안의 공부를 비웃기라도 하듯 명쾌했다. 기나긴 세월 공부한 무상함을 어디서 보상 받아야 할까 생각이 들 만큼 약이 올랐다.

기존의 성명학은 획수에 의해 좋고 나쁨을 가늠하기 때문에 흔히 말해 김씨나 이씨나 다 똑같이 풀이되었다. 반면 구성성명학은 같은 이름이라도 성에 따라 혹은 년도에 따라 각각 다 다르게 풀이되었다. 오히려 여덟 글자의 사주보다 더 많은 수리의 조합작용으로 인해 사주보다 더 디테일 하게 분석할 수 있었다. 이 깨달음은 놀람 정도의 수준이 아니라 그야말로 경이로움 그 자체였다. 그 길로 나는 한 치의 망설임 없이 구성성명학에 따른 개명을 결심했고 '정미휴'라는 이름으로 내 호적 개명까지 마쳤다.

지난겨울, 지인의 소개로 왔던 임인(壬寅)생 정유정의 이름을 상담하면서 구성성명학에 대한 믿음과 신뢰가 증폭되었다.

```
455  58  455
 정   유   정
677  70  677
```

우선 이 이름을 전체적으로 살펴보면 5.5와 7.7의 중첩이 너무 과다하고 1.2가 없다. 나의 세력인 비겁이 하나도 없고 나를 생해주는 인성이 한 개 밖에 없는 아주 신약한 이름이다. 이미 성에서부터 5.5.5의 중첩된 무리들과 7.7.7의 중첩된 무리들로 인해 돈에 대한 욕구가 강하지만 결국은 돈복이 없다. 또한 남편 때문에 평탄한 삶을 살지 못하는 이름에 해당했다.

이미 이혼이 예측되어 있고, 건강 또한 이름 끝 자에서 7.7이 중첩되어 심히 염려되었다. 설상가상으로 이름 끝 자에서 5.5와 7.7의 흉한 구조가 반복되어 지금까지 어떻게 살았나 싶을 정도로 흉환(凶患)이 예고되는 이름이었다.

결론적으로 말하면 이 이름은 재다신약으로 벌기는 벌어도 재물을 지키기 힘들고 남이 전부 가져가기 때문에 실속이 없다. 7.7의 수리가 떼 지어 있는데다 7.7의 중첩이 반복하여 나타나는 바람에 결국 이혼의 아픔을 겪었다. 중첩된 7.7은 건강과도 직결되어 있기 때문에 젊어서 임신중절을 여러 번 했고, 갑상선 수술에 당뇨병, 신장병, 목디스크, 허리디스크 등의 지병으로 늘 골골했다.

무엇보다 편관의 세력이 강하다 보니 나 자신은 물론 남들의 실수를 용납하지 못하고, 또 불의를 보고 참지 못하는 성격으로 남의 일에 거들다 구설에 휘말리기도 잘 했다. 매사 원리원칙만을 고집하다 까다롭단 평도 듣게 되지만 그런 반면 책임감이 강해 늘 분주하게 쫓기듯 사는 이름이었다. 다행히 자식을 나타내는 상관 4가 잘 살아 있어 딸이 귀인 역할로 딸에게 희망을 갖고 산다고 하지만, 자식 또한 식상 생재가 되어 엄마가 계속해 지원을 해줘야 하는 상황이다. 앞으로도 고생의 끝이 보이지 않는 흉한 이름이다.

이러한 이름의 배경을 설명해 주자, 정유정은 어쩌면 그렇게 자기가 겪고 있는 삶과 똑같이 얘기해 주냐며 그동안 너무 힘들고 괴로워 죽고 싶었다고 했다. 그러면서 지금도 경제적으로 너무 힘들다며 눈시울을 붉혔다. 개명을 의뢰하고 간 사람 중에 유독 기억에 남는 사람이다.

이름의 중요성은 불러주는 소리에너지에서 발생한다. 때문에 좋은 이름은 부를수록 운세가 더욱 좋아지고 나쁜 이름은 부를수록 운세가 나빠지게 된다는 것을 정유정씨나 다른 상담자들의 이름을 통해 충분히 입증할 수 있었다. 구성성명학을 알고 있는 나로서는 '정유정'과 같은 이름을 보면 안타까운 마음에 나도 모르게 통탄하게 된다. 나 또한 성명철학을 20년 가까이 상담하고 작명했지만 이제야 비로소 이름의 중요성을 인지하게 되었다.

그동안 나는 자연의 이치에 따른 답을 찾기 위해 오행 찾아 삼만리 다녔다. 구성성명학을 만나면서 비로소 안개속 긴 터널의 끝이 서서히 보이기 시작했고, 길고 긴 역학공부에 마침표를 찍어야 할 때라고 느꼈다. 구성성명학은 나로 하여금 끝없이 달려온 오행 공부에 종지부를 찍게 할 만큼 그 학문적 가치가 대단했다.

어떤 이름이던 간에 속 시원하게 운명을 유추해 낼 수 있다는 것만으로도 요즘은 살맛이 난다. 구성성명학에 대한 경외심까지 생겨났다. 그동안 나는 81수리 한자작명법으로 이름을 지어주었으나, 이제는 그 방식은 모두 버리고 구성성명학으로 작명이나 개명을 하고 있다. 그래서 지금은 성명학을 배우는 많은 이들에게도 구성성명학을 권장하고 적극 어필하고 있다.

흉한 이름 그대로 살아가는 것도 운명이고, 구성성명학으로 개명을 해서 흉환을 길운으로 바꾸고 살아가는 것도 알고 보면 다 운명이라 생각한다.

인간의 운명을 직접적으로 개운해 줄 수 있는 유일한 방법의 구성성명학!

이를 만나게 되어 가슴 설레고 그러기 때문에 나의 마음을 학회에 모든 이들과 함께 나누고 있다. 그러다보니 이름 하나 하나에 심혈을 기울여 작명하게 되고 다지음학회의 일원으로서 사명감도 갖고 있다. 앞으로도 계속해 노력하는 자세로 임할 생각이다.

이제 나는 제2의 전성기를 맞고 있다. 그야말로 고목나무에 꽃이 피고 열매가 맺기 시작했다고 해도 과언이 아니다. 노력 끝에 성공이라고 했던가!

정미휴라는 내 새로운 이름이 인생의 좋은 씨앗이 되었다. 그리고 그 싹은 이제 막 열매를 맺기 시작했다.

· 연락처 ; 010-3522-4322
· 이메일 ; 4322saju@naver.com

재미로 풀어보는 유명인 이름

　대부분 타고난 사주팔자나 운로에 의해 운명의 길흉이나 성공의 척도가 가늠된다. 그렇지만 그에 앞서 이름에서 발현되는 기운 또한 성공을 좌우 한다는 사실이다. 그래선지 성공하는 사람은 확실히 이름부터가 다르다. 그렇기 때문에 각 분야에 성공한 사람들의 이름을 실례로 하나하나 증명해 보일까한다.
　한동안 방송에서 보지 못했던 강호동의 이름은 참으로 재밌는 배합이다. 성에서 나타나는 '강'은 중복된 편관(명예)을 식상(재능)이 제거해 누구보다 예. 체능에서 두각을 나타낸다.
　또한 이름의 첫 자인 '호'는 주로 성격을 나타내는데, 상관(4)에 해당한다. 이런 사람은 교만하여 사람을 얕보는 특성이 있다. 내심은 온정을 품고 또 예. 체능에 소질이 있더라도 사소한 일에 호기심이 발동하면 궁금해 견딜 수 없는 성격으로 타인의 오해와 비방을 받게 된다. 그러나 이러한 강한 성품을 억제하는 인성(학문)의 기운이 있게 되면 반대의 길한 특성으로 바뀐다.
　뿐만 아니라 이름 끝자인 '동'은 흉성인 나쁜 기운을 길성으로 전환되는 특이한 배합으로 구성되어, 초년엔 명예와 재능을, 중년엔 재물로 인한 호재가 발동해 사업적 기반을 갖춘다. 따라서 중심운의 특성상 늦게까지 예능적인 끼를 발산하게 되므로 '강호동'의 이름은 거의 완벽한 수준이다.

이경규의 이름 또한 성에서 나타내는 '이'가 식상(재능)에 해당되어 두뇌가 명석해 판단이 빠르고, 그로인해 예능적인 감각을 일깨워 연예계서 명성을 얻게 된다. 이름의 첫 자인 '경'은 중첩된 관성(명예)을 식신(예능)이 잘 극제해 만인의 인기(명성)를 얻게 된다.

무엇보다 성품을 나타내는 이름의 첫 자는 관성으로, 의협심이 강해 공격적이면서도 지배욕이 강하다. 대의명분이 뚜렷하면 어떠한 일이라도 끝까지 밀어부치는 뚝심이 있다. 따라서 관성이 많으면 가난과 질병으로 고생하기 쉬운데, 이를 억제하는 식상이 있으면 오히려 흉중의 길로 부귀를 누리게 된다. 아울러 끝자인 '규'는 재물과 명예가 서로 상생으로 이어져 운세가 날로 번창해, 늦게까지 예능인으로서 인기는 물론 재물적인 운세도 왕성하게 발현된다.

마린보이 박태환의 이름은, 성에서의 관성(명예)이 재물을 상생하여 일찌감치 수영선수로서 기량을 발휘한다. 그렇더라도 중첩된 재성(여자)을 극하는 수리가 없으면 여자에 대한 집착으로 그에 따른 구설이 따른다.

이름의 첫 자 '태'는 성품을 나타내는 중심명운으로 예지력과 창의성을 나타내는 식신(재능)에 의해 빠른 두뇌 회전으로 예, 체능에서 두각을 나타낸다. 식신은 순간적인 판단력이 빨라 돌격하는 저돌성이 감추어져 있다.

따라서 끝자 '환'은 재물을 극하는 중첩된 비겁을 정관이 극제해 흉중의 길로서 그 작용력이 매우 길다. 무엇보다 이러한 배합이야말로 재물이 있는 이름으로 최상급에 해당한다.

　삼성의 리움 관장인 '홍라희' 이름은, 특이하게 이름 전체가 상극으로만 이루어져 언뜻 보면 매우 불길해 보인다. 그러나 자세히 살펴보면 흉성인 수리를 극제하는 기운이 강해 오히려 매우 귀한 이름이다. 따라서 이런 이름의 주인공은 일찍이 자기 성찰을 위해 노력을 아끼지 않으며 자신의 분야에서 독특한 재능을 보인다.

　이름의 첫 자 '라'의 성격적 특징은 인성(학문)에 해당하는 수리로, 타인에게 복종하는 것을 싫어하고 웬만해선 속마음을 표현하지 않아 다른 사람들이 심중을 알기 어렵다. 또한 본인의 학술적 이론에 자존심이 강해 논리적으로 파고들기 좋아한다. 따라서 이 이름의 특징은 관성(남편)을 상관(자식)이 극하는 것이 불길한데 이를 인성(학문)이 극제하므로 남편이 살아나는 묘미가 있다. 뿐만 아니라 재물을 파괴하는 겁재를 이름의 끝자 '희'의 관성(남편)이 극제해 재물이 살아나게 되는 매우 귀한 이름이다. 따라서 재생관(재물이 명예를 생해주는 길성)에 의해 미술계에서 입지를 구축하는 한편, 재벌가에 안방마님으로 손색이 없는 이름이다.

　7선 국회의원을 지낸 '조순형'의 이름을 풀이해 보면 매우 귀한 배합으로 누구보다 이름에 대한 덕을 많이 본 사람이다.

　무엇보다 이름의 첫 자 '순'은 중첩된 인성(학문)을 정재(재물)가 극제하는 공로가 있어 처덕은 물론 이름 끝자 '형'에서 발현되는 영향으로 재물 운과 동시에 내조의 공도 있다.

　따라서 이름의 첫 자 정재(재물)의 특성은, 이성에 대해 관심이 많고 애정적인 면에서 남보다 좋은 인상을 풍기며 객지에서 성공하는 사람이 많다. 특히 금전 운이 좋아 축적의 기운에 의해 재물을 쉽게 모을 수 있지만, 자신만을 생각한 나머지 개인적으로 흐르기 쉽다. 경제적인 측면에서 스스로 만족하고 순응하지만, 수

입이 감소하면 투기적 성향이 강하게 나타난다. 따라서 부동산으로 재물을 증식할 수 있으며, 처덕은 물론 숨은 여자의 내조로 인해 암암리에 도와주는 기운이 강해, 무엇보다 여성(부인)에 의해 입지를 굳히기도 한다.

 후천운을 주관하는 지지명운에 의해 명예적 측면에서 그 진가가 혁혁하게 발휘되며 7선 의원으로 재물적인 운세 또한 풍요롭게 이루어진다.

 따라서 이런 이름의 주인공은 평생을 통해 남보다 주변의 도움이 많고 그 공을 이루는데도 이름에서 발현되는 기운에 의해 손쉽게 이루어짐을 알 수 있다. 이렇듯 운명에 상호작용하는 여러 가지 요소들, 즉 육친(가족관계)을 알기 쉽게 기술해 성공한 사람들의 이름을 실례로, 이름이 성공을 좌우한다는 사실을 밝히고자 했다. 무엇보다 이름은 '나'라는 개체에 대한 상징이요, 부호이며 또 하나의 얼굴이다. 그러한 까닭에 성명에 대한 인식은 미래에 대한 가치고 투자라 할 수 있다.

노력하는데 왜 가난한가?

혜안(인천총괄지사)

한글구성성명학은 이름 안에 그대로 운명의 길흉이 나타나고 있기 때문에 이름을 함부로 지어서는 안 된다. 그 이유가 모든 만물에는 보이지 않는 오행의 기(氣)가 있는데 그 오행에 의해 만물이 생성되기 때문이다. 즉 木은 火를 생하고 火는 土를 생하며 土는 金을 생하면서 金은 水를 생하고 그 水는 다시 木을 생하면서 서로 어우러져 살아간다. 그런데 이러한 오행의 기가 태어난 년에 따라 각자의 이름 속에서 파동에 의해 서로 동조하고 감응한다. 그래서 이러한 오행의 균형 없이 이름을 마구잡이로 지으면 안된다. 또한 이름은 자신의 운명을 스스로 개척할 수 있도록 길을 열어주는 역할을 한다. 그러기에 좋은 이름은 그 이름을 불러주었을 때, 그 만큼 운명도 좋은 방향으로 전환된다. 그래선지 이름에 대한 중요성을 아무리 언급해도 싫증이 나지 않는다.

54년생 '양명우' 라는 중년은 십여 년 전에 방문하여 상담한 적이 있다.

717 327 79
양   명   우
040 630 02

　사주에 비견 겁재가 많으면서 그것을 억제시켜주는 관(官)이 없거나 설기시켜주는 식상(食傷)이 없으면, 처를 극하거나 파재(破財)를 일삼게 된다. 그런데 이름 역시도 사주와 마찬가지로 1.2가 많은데 이를 극제하는 7.8이 없으면 똑같이 작용한다. 또는 재물의 배합이 약하거나 중첩된 관성(7.8)에 의해 내 세력인 1.2가 극을 심하게 받으면 건강상의 문제라든가 불행한 형제가 있게 되어 그로인해 궁핍한 삶을 면치 못한다.
　무엇보다 이 이름은 성에 7.1.7이 있는데다 이름에서 중첩된 7.7에 의해 겁재 2가 심하게 극을 받고 있다. 그런데다 재성 5.6이 성(姓)에 없는 것이 흠이다. 따라서 남성의 이름에 7.8이 1.2를 보고, 9.0이 3.4가 이름 전체에 이러한 배합으로 있으면 남의 자식을 키우는 경우가 다반사다. 그 이유는 7.8이 1.2를 극하면 그로인해 5.6이 살아나 숨겨놓은 여자에 해당하고, 9.0이 3.4를 극하면 7.8이 살아나는데 이럴 때 7.8은 남성한테 자식에 해당한다.
　사주에서는 7.8 관성을 자식으로 보고 여성은 식상 3.4를 자식으로 보는데 이름에선 남성은 7.8을 자식으로 보지 않고 주로 직업으로 본다. 그렇지만 어느 때 자식으로 보느냐하면 양명우의 이름처럼 7.8이 1.2를 보고 있는 상태서 9.0이 3.4를 볼 때 숨겨놓은 자식으로 본다.
　따라서 이 이름의 주인공은 칠십을 바라보고 있는 현재까지 정상적인 혼례를 치른 적이 없고, 젊은 시절부터 과부나 유부녀와 연애를 하거나 남의 자식을 키우면서 그렇게 살아왔다. 인천 항

만청에서 중국을 오가매 힘든 하역 일을 하는 사람인데 십여 년 전까지 13년 연상의 여자와 십년 넘게 동거생활을 해왔다. 자기가 번 돈으로 남의 자식을 키우면서 오랫동안 생활하다보니 몸은 아프고 모아놓은 돈이 없다보니 당시만 해도 늙은 여자와 동거한 것을 후회하고 있었다. 따라서 이런 배합의 이름은 처와는 물론 재물과도 인연이 없다.

코로나로 인해 중국선 하역의 일자리가 없다보니 그로인해 삶이 곤궁했고 심적인 외로움이 더해갔다. 그러다가 십여 년 전에 헤어진 13년 연상의 노파가 지난해(2021년) 가을 그의 궁핍한 삶을 보고 밥이라도 해주고 싶다며 살림을 합칠 것을 제의 했다. 합칠 것인가, 말 것인가를 놓고 오랫동안 고민하다 전화로 상담을 하므로 그의 최근의 근황을 알게 되었다.

그만큼 이름에서 발현되는 파동의 기운은 이와 같이 삶의 방향을 자유자재로 조종하며 이끌고 있다. 이러한 점을 미루어 한글은 소리음이기 때문에 그야말로 불러주는 이름(소리)에 의해 타고난 운기를 어느 정도 유추해 낼 수 있다.

사주학에선 일주를 기준으로 육친을 삼아 사주를 풀이해 나가지만, 구성성명학은 태어난 연도를 기준으로 육친을 삼아 운명을 풀이해 나가기 때문에, 한 가지 이름을 가지고 120가지로 구별해 분석이 된다. 그러므로 이름에 대한 정확성과 신빙성은 매우 높다고 할 수 있는 학문이다.

살고 싶어요

상담 오는 사람들 중에 유독 기억에 남는 한 사람이 있다.
이제 겨우 스물여섯의 미혼 여성인데 초췌한 모습으로 사무실을 들어섰다. 왠지 나이답지 않은 어두운 분위기가 내 기분까지 서늘하게 했다. 그렇지만 모른 척 밝은 표정으로 그녀와 마주 앉았다. 그런데 첫 마디가,
"선생님 저 살고 싶어요."
까칠한 표정에 비해 그녀의 눈빛은 매우 강렬했다. 대개의 경우 죽고 싶은 사람의 눈빛에서 찾아볼 수 없는 절규에 가까운 구호신호였다.
"에~고. 젊은 아가씨가!"
오죽 하면 처음 보는 나한테 저렇게 까지 자기의 속내를 거침없이 쏟아낼까 싶어 말없이 들어주기로 했다. 자기는 늘 죽고 싶다는 말을 입에 달고 살았다 고 한다. '죽고 싶다'의 반대는 결국엔 '살고 싶다'는 강한 욕구의 표현이다.
귀로는 그녀의 얘기를 듣고 눈은 김ㅇㅇ 이름을 분석하고 있었

다.

　내 딸보다도 어린 처자가 과연 무엇 때문에 그리 힘들었을까를 생각하며 이름을 풀어 보니 그도 그럴 것이 이름 전체가 사고와 생각을 나타내는 3.4의 기운을 파괴하는 9.0(水)의 수리가 너무 많았다. 뭐든 중첩되면 그 수리에 해당하는 육친이나 극을 당하는 쪽 모두가 흉하게 작용한다. 9.0이 중첩되었다는 것은 그만큼의 심적 고통이 많았다는 뜻이다.

　경제적으로 윤택한 가정에서 지내다보니 나름 대학공부도 마치고 그리 밉지 않은 외모 덕에 사람들의 시선을 끌었지만 사춘기 시절부터 지금까지 본인조차 알 수 없는 그 어떤 무력감에 아무 것도 할 수 없었다고 했다. 꼭 어떤 강한 기운에 의해 짓눌려 사는 느낌이랄까? 여하튼 이제는 부모님을 위해서라도 뭐든 해야 될 것 같다는 간절함에 여기를 찾게 되었다고 한다. 나 역시 딸을 키우는 입장이다 보니 자신보다 부모님을 먼저 걱정하는 그녀의 마음 씀이 기특해 순간 가슴이 저며 왔다.

　그래서 이름에서 발현되는 흉한 기운에 대해 설명해 주고 개명을 권유했다. 그랬더니 진솔하게 상담해주어 고맙다면서 개명을 의뢰하고 돌아갔다. 그리고 몇 개월이 지난 후, 밝고 환한 표정으로 그녀가 자기를 닮은 예쁜 꽃 한 다발을 손에 들고 꽃향기와 함께 찾아 왔다. 그 모습이 불과 몇 달 전과 너무나 다른 모습이라 그야말로 눈부시게 예뻐 보였다.

　그녀 스스로도 신기할 만큼 달라지는 자신의 모습에 자기도 깜짝 놀랐다고 했다. 그래서 그 모습을 지켜보던 가족들이 제일 먼저 신기해하고 주변 모두 또한 밝아진 그녀의 모습을 보고 같이 기뻐했다.

　그녀의 밝은 표정을 보자 '저 살고 싶어요' 하던 몇 달 전의 절규에 찬 음성이 지금은 '저 이렇게 잘 살고 있어요' 환호의 찬 음성으로 메아리쳐 들려오자 가슴 한 켠에서 기쁨이 파도처럼 밀려왔다. 교회 장로님이신 아빠와 엄마는 물론 그 주변에 있는 지인들까지도 그녀 덕에 여덟 명이 개명을 했다. 감사 또 감사하다며 그녀가 고맙다는 인사와 함께 꽃다발을 주고 간지가 엊그제 같은데 벌써 수년이 흘렀다. 아직도 그녀의 밝은 표정이 기억에 스치면 나도 모르게 잔잔한 미소가 가슴으로 퍼져나간다.

이름의 중요성을 새삼 느끼면서

 아까운줄 모르고 생각 없이 돈을 쓰고 다니던 딸 때문에 힘들어 하고 있을 즈음 친구가 개명을 권했다. 이름을 감명해 보니 인성(학문)이 많고, 재성(금전)이 없어 대개 이런 이름들은 게으르고 재물이 없다면서. 친구가 어렵게 말을 꺼냈다. 그랬더니 딸아이도 왠일인지 순순히 개명에 응해 법적인 개명신청도 마쳤다. 그리고 일년이 지난 요즘에 딸아이를 지켜본 나로선 달라도 너무 달라진 모습에 깜짝 놀랐다. 그동안 자식의 게으른 성품이 이름 때문이었다는 것을 실감했다. 요즘은 힘든 직장 생활도 군말 없이 다니고 있고, 바쁜 와중에 시간을 쪼개 친구도 만나고 여행도 즐기고 있다. 어디 그뿐인가! 알뜰살뜰하게 저축하는 것을 보고 더욱 놀라왔다. 달라도 너무 달라진 모습에 그런 딸을 지켜보는 마음이 지금은 마냥 행복하기만 하다.
 어쨌든 전혀 생소한 모습으로 변한 딸을 지켜보고 있노라니 새삼 이름의 중요성을 절감하게 되었다. 그 덕에 성명학 공부를 더욱 열심히 하게 되면서 학회사업에도 동참했다. 얼마 전 퇴근시간 즈음에 전화가 걸려 왔다. 상기된 목소리로 추측해선 기분 좋은 일이 있는 것 같다. 요즘 와서 전화목소리로 상대방의 기분을 가늠하는 버릇이 생겼다. 상담을 오래하다 보면, 습관처럼 생기는 병인데 기분에 달뜬 상기된 목소릴 들으면 분명 기분 좋은 일로 전화를 거는 것이고, 그렇지 않음 안부를 묻는 일이거나, 다른 사람의 이름을 감명해 달라는 전화라 그 또한 두말할 것도 없이 늘 반갑기만 하다. 아니나 다를까! 역시 예감대로 좋은 일이 생겨 자랑하느라 건 전화였다.

그동안 상담을 하면서 느끼는 감정이지만 이름의 중요성을 깨닫다 보니 하루라도 빨리 우리학회의 구성성명학을 한사람이라도 더 많이 널리 전파해야겠다는 사명감 비슷한 생각이 용솟음친다. 그만큼 이름의 소중함을 몸소 느끼기 때문이 아닐까?

· 연락처 ; 010-8161-3681
· 이메일 ; zestchoi109@naver.com
· 사이트 ; http://인천다지음.com

사주와 이름과의 연관성

　사주와 이름의 연관성에 대해 컴퓨터와 소프트웨어로 비유하여 설명하면 이해가 쉽다. 다시 말하자면 사주란 고정불변에 컴퓨터 기계 그 자체지만, 이름은 고정불변의 컴퓨터 그 기계를 보다 효율적으로 사용할 수 있게 만드는 소프트웨어와 같은 것이다. 즉 이름은 고정된 사주를 인간의 의지로 조정할 수 있는 변수로 작용할 수 있다. 따라서 사주와 이름을 연관 지어 비교 분석해 볼 때 이름은 옷과 같다. 즉 타고난 사주에 재물운과 배우자 덕이 없다고 할 때, 이름에서 재물 운과 배우자 덕이 있게 하면 그 불리워지는 소리에너지에 의해 어느 정도 보완이 된다는 점이다. 즉 타고난 사주가 추운겨울(빈한한 사주)에 태어나 얼어 죽기 일보 직전이라면 결국 가난하고 궁핍하게 살 수밖에 없다. 그러나 따듯한 모피(이름) 코트라고 입고 있으면 그 추위(궁핍함)를 견뎌낼 수 있다는 뜻이다.

• **사주와 이름의 연관성**
  가. 사주대로 이름을 짓는다.
  나. 사주나 운이 좋으면 개명을 쉽게 하고, 사주나 운이 나쁘면 개명에 망설임이 많다.
  다. 이 또한 기의 흐름 영향 탓이다.

• **사주가 절대냐? 이름이 절대냐?**
  사주가 70%고 이름이 30%이나 하드웨어인 정적인 사주에 비해 소프트웨어인 동적인 이름이 운명에 직접적인 영향을 미친다. 그러므로 이름이 더 중요하다. 예를들어,

  921 839 819
  　윤　창　중
  365 273 253

이름의 첫 자 '창' 8.3.9는 명예가 있고 8.1에 의해 재물도 있는 이름이다만, 중복된 8.1과 2.7은 감춰진 여자가 있음을 나타낸다. 그런데 후천운을 주관하는 7.3은 관성(명예) 7을 3이 극하므로 관재구설로 인해 명예가 실추되고, 중복된 6.5로 인해 여자를 탐하다 그로인해 이름 끝 자에서의 2.5에 의해 자칫 부인과도 이별수도 예견할 수 있다. 어떻게 보면 이러한 이름의 기운에 의해 좋은 사주를 타고나 높은 관직까지 올랐지만, 이렇듯 성추행 파문으로 곤욕을 치르는 이유도 다 이렇게 이름에서 발현되는 이름의 기운 탓이다. 사주가 좋아 높은 자리에 올라가면 뭐하나, '창중'이란 이름 때문에 명예가 실추되고 관재구설이 따르는데 말이다.

마음의 상처를 받기 쉬운 세상에

김요안(인천연수지사)

짧지 않은 인생을 살며 가장 많이 듣고 하는 말 중 하나가, '이 또한 지나가리라.' 인 것 같다. 아무 일없이 평범하게 사는 인생이야말로 가장 비범하고 복 받은 인생이 되어가는 요즘을 지내다보니 스트레스, 우울, 공황 이런 단어들이 아주 흔하게 들리는 일상어 같다.

폭풍과 쓰나미가 한꺼번에 몰려와 후려친 것 같은 일들을 겪었던 지난 몇 년의 시간동안을 버텨내며 심한스트레스와 우울감에 빠져 불안장애를 진단받았던 적이 있다. 그때 가장 많이 들었던 생각은, 나는 왜 이렇게 태어난 것이며 어차피 무엇을 어떻게 노력하고 발버둥 친다 해도 나의 노력은 상관없이 결과는 절망뿐이라는 나의 운명을 탓하는 것이었다. 자존감은 바닥이었고 내 몸 또한 돌보지 않고 벌주는 것 마냥 혹사시키다보니 이곳저곳 아픈 곳도 생기게 되었다.

이름을 바꿔보는 게 어때?

이름으로 내 운명을 바꿔보겠다는 생각은. 처음엔 작은 희망에서의 시도였다.

내 이름에 모든 나의 인생이 보여 지고 나의 감정과 정서를 읽어내어 내가 원하는 방향으로 바꿔나갈 수 있다는 희망이 생겼고, 그동안 내가 살면서 겪어온 모든 갈등과 원망이 한순간 이해가 되고 편안해져서 몸과 마음에 치료와 치유가 되어주었다.

무한한 인생의 뫼비우스(Moebius)의 띠를 성명학을 통해 공부할 수 있어서 많은 사람들을 대하며 겪게 되는 두려움을 극복하고 자신감으로 채우고 자존감이 높아져가는 내 자신을 경험해가는 중이다.

요즘같이 소통과 공감에 어려움이 커서 마음의 상처를 받기 쉬운 시대에서 성명학은 가장 필요한 공부라는 생각을 하게 된다.

그 무엇보다 같은 이름이라도 태어난 해에 따라 운이 달라지는 구성성명학은 사주를 푸는 육친(사주 해석 방식의 논리)에 의해 해석을 하기 때문에 이름만 가지고도 그 사람의 전반적인 상황을 전부 알아낼 수 있다는 점에 마음이 갔다. 그러기 때문에 이름을 함부로 지으면 안되겠구나 하는 생각이 들었다.

지사를 개설한지 얼마 되지 않아 상담한 경험은 별로 없지만 흉한 이름 때문에 파란만장한 삶을 살고 있는 나와 동갑인 한문섭의 이름을 풀이하면서 더욱 구성성명학에 대한 인식을 달리했고 그렇다면 이를 널리 알려야겠다는 마음 또한 새롭게 다지게 되었다.

164 844 027
한 문 섭
164 844 027

79년생인 이 이름은 중심명운이 8이다. 8의 성향은 선비기질이 다분해 체면에 손상되는 것을 극히 꺼린다. 반면에 7의 성향은 활동적이고 성급하여 남과 다투기를 잘한다. 반면에 책임감이 강하고 고집이 세고 있는 그대로를 표현하는 꾸밈없는 인간형이다. 또한 무엇이든 속에 담아두지 못하고 그대로를 내뱉는 성정이다. 아울러 불의를 보면 참지 못하고 힘든 일도 꺼리지 않는 의협심이 강한 성품이다. 이와 같이 7의 성향과 8의 성향이 극과 극을 이르는데, 이러한 8의 성향이 3.4에 의해 극을 받으면 똑같이 7의 성향으로 바뀐다.

  무엇보다 한문섭은 성에서 1.6.4에서 나타나듯이 비견 1이 재물 6을 극하므로 부친의 덕이 없고 초년고생이 있게 된다. 그로 인해 불우한 어린 시절을 보냈다. 남성의 이름에서 7.8이 1.2를 보면 숨은 재성(여성)으로 외도로 인한 이별이 예고된다. 그 이유가 바로 성에서의 1.6이 암시하기 때문이다.

  또한 명예와 직업을 내포하는 관성 8(官)을 상관 4.4가 양쪽에서 공격하면 죽었다 깨어나도 조직생활을 하지 못한다. 무엇보다 중첩된 상관 4.4를 9.0이 극제하면 숨은 관성이 살아나 그나마 직장생활을 할 수 있다. 그러나 이 이름은 안타깝게 또 다시 4.8.4가 되는 바람에 직장에서 자기 입지를 구축하지 못한다.

  남성의 이름에 7.8이 1.2를 보면 숨은 여자가 되는데, 거기에 9.0이 3.4를 보게 되면 숨은 자식이 된다. 따라서 남성의 이름에 이런 배합이 있으면 일찌감치 남의 자식을 키우거나 애 딸린 여자와 연애를 한다.

  한문섭 역시도 이름의 이러한 배합으로 인해 젊은 시절부터 한 여자한테 정착하지 못하고 여러 여자와 교제를 하므로 안정적인 가정생활을 갖지 못했다. 그나마 중심 명운 8과 중첩된 4.4를 0이 억제하므로 기술직 공무원으로 삼십대 중반까지는 무탈하게 지냈다. 이름 첫 자 8(官)이 심하게 극을 받고 성에서의 1.6이 탐욕을 불러일으키므로 주식투자로 큰 빚을 지는 바람에 그 빚을 갚기 위해 직장을 그만두고 내연녀와 함께 노래방을 차렸다. 한동안 잘되는 듯싶더니 내연녀의 변심으로 노래방을 처분하는 과정에서 심한 다툼이 생겼다. 그로인해 폭행죄, 사기죄로 수감되기도 했다.

  이렇듯 서로 상극되는 배합이 많으면 주위의 도움이 없고 정신적인 고통으로 인해 형벌, 횡액 등의 액운이 속출할 뿐 아니라, 성공에 장애가 많고 패가망신하기 쉽다. 대부분 조실부모하고 타향에서 방황하며 의식주의 불안을 느끼고 여자로 인해 심적 고통을 수없이 겪게 된다.

  이름에는 너무 과다한 것도 좋지 않고, 너무 극이 많은 것도 좋지 않으며, 그렇다고 전부 상생으로만 집합된 것도 좋지 않다. 따라서 중심 운이 8이면 사업보다는 직장생활이 적합하나 이 이름은 중첩된 4.4에 의해 8이 극을 받으므로 안정적인 공무원 생활을 청산하고 지금은 자동차 딜러로 활동하고 있다.

- 연락처 ; 010-4235-4499
- 이메일 ; 778manse@naver.com

방송인 이름은 어떤가!

박상준 / 1978년생
855 951 033
　박　 상 　준
544 840 711

박상준의 이름은 전문지식을 갖고 명성(명예)을 얻는 방향으로 가야 한다. 그렇지 않고 재물적(사업)인 욕심을 내면 7.1에 의해 절약가적으로 살아가더라도 결국 5.1에 의해 파재가 일어난다. 즉 성에서의 5.5가 재물에 대한 욕구를 불러 일으켜 사업하게 되면 5.1에 의해 노력이 수포로 돌아간다. 따라서 이런 이름의 주인공은 사업보다는 명성을 얻어 부동산에 투자하게 되면 이러한 파재를 방지할 수 있어 부자로 살아 갈수 있다.

박준규 / 1964년생
411 633 14
 박   준   규
855 033 54

이런 이름은 0.3.3이나 1.4에 의해 재능적인 소질로 인기를 얻게 되지만, 자칫 돈에 대한 욕구 5.5에 의해 사업을 욕심내게 되면 1.1.6에 의해 파재가 일어난다. 뿐만 아니라 그로인해 부부가 이별할 수 있음도 예고하고 있다.

윤문식 / 1943년생
678 287 430
 윤   문   식
234 844 006

이 이름은 8.7.4와 3.0에 의해 명성(인기)이 있지만, 그럼에도 불구하고 2.3에 의해 자유로운 발상의 소유자가 된다. 따라서 8.4.4에 의해 남한테 구속받는 것을 매우 싫어한다.
또한 후천을 주관하는 이름 끝자에서 '식'의 0.0.6은 처덕을 의미한다. 그렇더라도 8.2.8은 나를(1.2) 통제하는 관성 8이 양쪽에서 극하는 관계로 불행해진 형제가 있거나, 그렇지 않으면 내 몸을 상하게 하므로 말년에 특히 간질환을 조심해야 한다.

김오곤 / 1965년생
264 84 240
 김   오   곤
375 95 351

성에서 '김' 2.6은 초년고생을 말하고, 8.4와 3.7은 관성(직업)을 극하는 관계로 남의 밑에 소속되는 것을 매우 싫어한다. 따라서 2.4나 3.5에 의해 전문직 종사자로서 재물적인 운세가 양호하다. 반면에 2.6이나 5.1에 의해 과욕이 발동하면 그로인해 파재가 일어나게 된다. 따라서 2.4나 3.5에 의해 돈의 유통은 순조롭게 잘되지만, 다른 한편에선 파재가 되므로 수입과 동시에 지출도 그에 상응되게 많다.

울 엄마가 개명하고 나서

이근혁(인천청라지사)

한 가정이 형성되고 성장하기까지 수많은 아픔과 사연이 있다는 사실은 모든 사람이 공감할 것이다. 그런데 그 과정에서 미처 치유되지 못하고 지나쳐버린 상처들이 우리의 발목을 잡을 때가 있다. 누구보다 사랑했고 또 누구보다 미워했던 그들은 가족이란 애증의 이름으로 우리 마음 한켠에 자리하고 있다.

63년생 계묘생 이순경, 그리고 개명한 이름이 이수현, 그 다음 다지음에서의 개명이 이효연이다. 세 개의 이름을 가진 주인공이 바로 우리 엄마다.

한글자음 파동성명학에서 1차 개명을 하고나서 이혼했고, 그리고 남편이었던 우리 아버지가 사망하셨다. 거기에 남자 잘못만나 수천만 원을 사기당해 신용불량자까지 되었다. 그러고 나서 다지음청라 지사장인 아들인 내가 2차 개명으로 '이효연'으로 개명해 주었다.

한글구성성명학으로 개명 한 후로 지금은 신용회복이 되었고 자녀들이 모두 성공했으며 가족 간에 소통도 자연스레 이루어졌다. 지금은 연봉 6천만 원의 수입 덕에 빌라 한 채의 집주인이 되었다.

우리 가족의 경우를 볼 때, 좋은 이름이 모든 것을 다 되돌릴 수 없지만 상처를 치유하고 마음을 회복하고 관계를 개선해 나가는데 도움을 준 것만은 사실이다.

일단 내가 잘 살고 잘되고 나면 상처는 아주 작아지고 잘못도 용서해 주고 싶은 마음이 생긴다. 어디까지나 지금 우리가 상처 때문에 힘든 것은 첫 째로 물질적인 여유가 없기 때문에 그렇고, 다음으로 지나치게 과거에 얽매이기 때문이다. 특히나 기억은 과거를 과도하게 왜곡시켜 증폭시키기 때문에 피해망상과 열등감으로 우리를 사로잡아 버린다.

사실 가족은 피가 섞였다는 것 외에는 남들과 그다지 다르지 않다. 실제로 가족보다 직장 동료나 이웃사촌들과 더 많이 마주치고 가깝게 지낸다. 그리고 둘째는 우리가 이런저런 이유로 집착하고 있다는 사실이다. 벌써 우리 자신이 이름 하나를 고집하고 있다는 것에서부터 이 집착은 고착된 것이나 다름없다. 아마 그 이름으로는 과거의 상처로부터 벗어나기 어려울 것이다.

그러기 때문에 무엇보다 개명하는 것은 나의 모든 과거들을 이름 위로 가지고 와서 함께 죽음을 맞이한다는 것을 가리킨다. 좋은 이름을 통해 그들을 먼저 바꿀 수는 없어도 내가 먼저 바뀌는 것은 가능하다.

그래서 세 째는 내가 먼저 바뀌는 것이다. 그들을 바꾸려 하지 말고 내가 먼저 바뀌면 된다. 내가 먼저 바뀌면 그들도 바뀌기 시작한다. 내가 바뀌지 않았기에 그들도 바뀌지 않는 거다.

물론 개명은 수만 가지 방법들 중에 하나일 뿐이다. 모든 사람이 다 개명을 통해서 삶을 변화시켜나가야 하는 것은 아니다. 그럼에도 이것은 아주 효율적이고 효과적이며 평화롭고 지혜로운 방법 중 하나라는 점을 말하는 거다.

그야말로 우리 가족은 콩가루처럼 산산조각이 나서 한 걸음도 가까이 다가갈 수 없는 지경에 이르렀었다. 그렇지만 지금은 눈물 한 방울 흘리지 않고 언제 그랬냐는 듯이 서로 대화를 나누고 음식을 나누며 소통하는 기쁨을 누리고 있다. 당연히 개명의 효과는 '시간'이라는 연료를 필요로 하기 때문에 지금 당장 이것이 모든 상처와 아픔을 아주 말끔히 씻어낸다고 장담하진 못한다. 그러나 이제부터라도 좋은 이름이 우리 삶을 조금이나마 회복의 길로 접어들게 한다는 것에는 틀림이 없다.

따라서 물질적인 여유 만들기, 집착으로부터 벗어나기, 나부터 바꾸기 이 세 가지를 수행하기에 앞서 자신의 마음 치유와 마음공부를 도와줄 좋은 이름을 만나는 것이 우선순위라 생각한다. 개명 자체가 새로운 시작과 희망찬 미래를 꿈꾸는 원천이 되기에 모두에게 올바른 성명학에 근거한 좋은 이름을 권유하는 것이다. 더욱이 도무지 쉼 돌릴 수 없는 답답하고 막막한 상황에 있는 사람이라면 울 엄마처럼 좋은 이름으로 개명하라는 것이다.

정신이 병들어 있기에 마음이 병들고, 마음이 병들어 있기에 육체가 병들고, 육체와 정신이 병들어 있기 때문에 관계가 병들어간다. 무엇보다 이름이 병들어 있으면 삶의 행로가 병든 채로 살아갈 수밖에 없다. 더 이상 불행하고 절망스러운 시간을 멈추고 새로운 이름으로 새롭게 다시 시작하기를 바란다. 우리는 두고 보기에는 시간이 아까운 존재들인데 그깟 상처 때문에 아파하는가? 조금만 뒤를 돌아봐도 너무나 재밌고 즐겁고 행복한 일들이 세상 천지에 다 깔려 있다. 그러기에 부디 다지음의 이근혁과 함께 좋은 이름의 뚜껑을 열어 아름다운 삶을 쟁취하기를 기원하는 바다.

어느 날 문득 생각나, 울 엄마가 이름한테 보내는 독백을 여기

적어 본다.

〈많은 사람들을 행복하고 축복된 인생을 살게 해주기 위해 상담과 조언을 아끼지 않는 자랑스런 아들 이근혁, 정말 잘했다고 박수를 보낸다. 이순경이란 이름과 50년 이상 함께 살았고 동고동락 했었는데 이별통보도 없이 혼자 결정하고 순경이를 밀어내고 모른척해서 미안해. 그동안 고마웠고 너무 행복했어. 매 순간들을 소중하게 기억할게……. 순경아 안녕~ 그동안 고마웠어. 그리고 행복한 순간들과 많은 시간들 너무 감사했단다. 또 수현이도 잘 떠나보내고 효연이랑 행복하고 건강하게 기쁘게 잘 살게. 왜 눈물이 나지~ 너무 고맙고 행복해도 눈물이 나더라고~ 새해에도 더 멋지고 행복하게~ 살면서 항상 모든 이름에 감사할게. 모두 나니까~ 오늘 이 시간 아주 소중한 시간이었고~ 올해 마지막 날 귀중한 일해서 너무 고맙고 감사하구나. 아들아! 앞으로도 계속 사람들을 살리는 일, 늘 행복을 담아 감사와 기쁨을 전하는 파수꾼이 되어 주길.

지금이 바로 개명할 때

당시 중환자실에 누워있는 부친을 마주했을 때, 가슴팍으로부터 원인 모를 피가 계속 흘러나왔고 간호사는 계속 그 피를 닦아내고 있었다. 심장 개복수술을 진행했지만 의사는 출혈의 원인을 모른다고 했다. 어떻게 조그만 탈장 수술 하나로 죽음에 이르게 되었을까? 조부모님은 팔십이 훌쩍 넘은 나이에 아들을 먼저 떠나보내야만 했다.

지금으로부터 10년 전, 나를 제외한 가족들은 어머님이 철학관에서 받아온 잘못된 이름으로 개명을 하게 되었다.

그리고 꼬박 5년 뒤, 우리는 다 뿔뿔이 흩어지게 되었는데 아버지는 그 이후로 또 다시 잘못된 이름으로 한 차례 개명을 더 하셨다. 물론 그 마지막 유골함에는 좋은 이름을 새겨드렸으나 이미 너무 많은 시간이 흐른 뒤였다.

역학을 공부하며 직업으로 선택하고 뛰어든 십년 가까운 세월 동안 파란만장하게도 이 일이 가장 처절하게 떠오르는 기억 중에 하나다. 그러면서 한편으로 내 영혼이 어떻게 상처하나 입지 않고 차분하고 온전하게 보존되어 왔는지 생각해보면 모르긴 몰라도 운을 알고 있었기에 가능했던 일이라 생각된다. 사주학과 성명학은 자연 우주 과학과 다름없이 일정한 규칙과 법칙이 있다는 것을 깨닫게 해 주었다.

사람들은 때때로 비극적인 삶을 어쩔 수 없는 운명이라 단념하고 세상을 원망하며 자탄하다가 대부분 그 현실에 순응하고 살아간다. 그러나 아무리 체념하고 난 뒤에 오는 자기 안위라 할지라도 타고난 운명과 타협하며 사는 것은 바람직하지 못한 자세다. 어디까지나 정해진 운명은 거역할 수 없는 신의 영역이라 할지라도 인간에게는 노력이란 후천적인 요인이 잠재하고 있다.

우리에게는 수많은 가능성과 수많은 기회가 열려있다. 그 가능성과 기회를 자기 것으로 만드느냐 마느냐는 자신을 어떻게 생각하고 인식하느냐에 따라 달라진다. 대개의 경우 진리란 어디 먼 곳에 꽁꽁 숨어 있는 것이라 착각하고 많은 사람들은 그렇게 생각한다. 그래서 진리를 찾으려면 엄청난 고행을 겪어야 하고 수많은 세월을 보내야 할 것 같다는 오류에 빠지기도 한다. 그렇지만 진리란 결코 먼 곳에 있는 것이 아니라 우리 내면에 자리 잡고 있다. 그래서 겸손과 용기를 갖는 사람은 언제 어떤 상황에서든 위기를 매 순간 기회의 전환점으로 삼는다.

내가 성명학자로서 그 위기를 기회의 전환점으로 바꾸는 일에 한 몫하고 있다는 것에 늘 감사한다. 한글구성성명학이야 말로 올바른 학문에 근거한 좋은 파동의 에너지다. 그러므로 모두에게 이름을 통해 희망과 미래를 선물하는 것 또한 나의 역할이다. 잘못된 학설로 인해 나쁜 이름의 늪에 빠져버리면 거기서 허우적거리다 일생을 그렇게 마감하고 만다. 그러기에 혹여 라도 손을 쓸 수 없는 지경까지 이렀다 하더라도 우리는 희망이란 끈을 놓아서는 안 된다. 넘어질 때 넘어지더라도 다시 시작해야 한다, 그렇다면 언제 다시 시작하느냐? 바로 지금이다.

· 연락처 ; 010-5894-3265
· 이메일 ; igeunhyeok@naver.com
· 사이트 ; http://blog.naver.com/igeunhyeok

이름에서 예고된 아이의 운명

　금년 초 제법 추운 날씨인데 젊은 부부가 함께 방문했다. 아웃도어 차림의 남편보다 네 살 박이 사내아이를 안고 있는 부인의 표정이 매우 어두웠다. 속으로 힘 좋은 남편이 아이를 안아주던가, 아님 아이를 걸리게 하지 왜 저렇게 허약해 보이는 부인한테 안게 하는가. 은근히 못마땅해 하면서 습관처럼 이름을 물었다.
　"누구 이름이 궁금해 오셨나요?"
　"우리 아들 이름이요."
　2011년 辛卯생 박겸민의 이름을 풀어보니 요즘 젊은 부부가 잘 쓰지 않는 '겸' 자가 들어간걸 보니 항렬을 의식한 이름 같았다. 이름을 풀어 보는 순간 건강상의 문제가 제일 먼저 눈에 띄었다.
　"아이가 아픈 데는 없는가요?"
　하고 물었더니 눈을 동그랗게 뜨면서,
　"왜요?"
　하고 물었다. 이름에 관성(7.8: 나를 극하는 기운)이 많으면 허약체질이 되거나 질병으로 고생하게 된다. 이러한 7.8의 기운이 선천(천간) 운에서 무리지어 있게 되면 어려서는 몸을 다치거나 질병으로 고생하고, 성인이 되면 잦은 직장의 변동으로 변변한 직업이 없어 생활이 궁핍해진다.

"대개의 경우 이런 이름을 가진 아이들이 자주 다치거나 질병 때문에,…"

미처 말이 끝나기도 전에,

"맞아요! 우리 겸민이가 작년에 교통사고를 크게 당해 아직도 걸음을 제대로 못 걸어요."

어쩐지 아이 엄마의 표정이 어둡다 싶었다. 남편이 아닌 부인이 아이를 안고 있는 것도 이상 했지만, 아이가 아프다는데 부부의 표정이 상반된 것도 이상했다. 그래서 아이의 생년월일을 물었다. 그랬더니 경자(庚子)일주가 자(子)월에 태어나 해시(亥時)가 되면, 신묘(辛卯)생한테는 묘목(卯木)이 수목응결(水木凝結)되어 그렇게 되면 하체가 불구가 된다.

필자가 그동안 수 천 명의 이름을 임상해 봤지만 거의 대부분 사주대로 이름을 짓는다. 그러기 때문에 사주를 굳이 보지 않아도 이름만으로 그 사람의 운명을 70-80%는 유추해 낼 수 있다. 이 또한 기(氣)의 작용으로 영파(靈波: 영적인 파장)의 영향이라 생각한다, 그러다보니 저마다 작명가한테 지었든 자신들이 직접 지었든 간에 사주에 맞는 이름들을 짓는다.

"이런 이름은 아빠와 인연이 없는데……."

남편의 눈치를 살피면서 말끝을 흐렸더니, 이번엔 시큰둥하게 쳐다만 보고 있던 아이아빠가 순간 놀라움을 감추면서 대꾸했다.

"정말 이름만 보고 얘기한 것 맞습니까?"

하고 따지듯 물었다. 이름 끝자에 겁재(2: 재물을 파괴)가 정재(6: 부친과 처)이 마주하면 어려서는 아빠와 인연이 없거나 부모덕이 없고, 커서는 부인 덕이 없거나 이별수를 겪게 된다.

이렇듯 아이 이름에서 예고하듯, 함께 온 남자는 아이아빠가 아니고, 재혼한 남편이었다. 무엇보다 관성(직업) 7.8이 인성(엄마) 0을 생하고, 이러한 인성이 부친(6)을 극하는 2를 생하면, 왕성해진 겁재(2)가 재성(부친) 6을 사정없이 파괴시킨다. 이렇게 되면 앞서 설명했듯이 어려서는 부친과 생사별이요, 커서는 부인과 이별을 겪는다. 또한 남자는 재성(6)이 처와 재물을 나타내기 때문에 가난하게 살아간다.

우주심에는 다양한 특성과 정보(부귀. 빈천의 운세)가 사람들이 늘 불러주는 이름 속에 내포되어 있다. 그러기 때문에 입에서 불리는 이름의 파동은 시간의 흐름에 따라 번갈아 반복되면서 운명에 엄청난 영향을 미친다. 따라서 좋은 이름이야말로 화목한 가정을 이끄는 첩경임을 알아야 하겠다.

개명하고 건강 좋아져

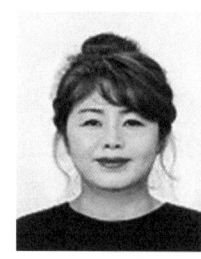

김규희(인천중부지사)

나야말로 인천중부지사를 맡은지 그리 오래 되지 않았다. 구성성명학에 관심을 갖기 시작한 것은 7-8년 전, 인천 'TV특강' 방송에서 예지연회장님의 강의를 시청하기 시작하면서부터다. 그 당시 성명학을 배우고 싶었지만 개인적으로 치킨 프렌차이즈 사업을 하다 보니 시간적인 여력이 없었다. 그런데도 구성성명학에 대한 미련을 버리지 못해 시간이 좀 지난 뒤에 수강신청을 하고 배웠다. 다른 지사들에 비해 공부를 늦게 시작했고 또 사업을 하다 보니 시간적인 여유가 그닥 많지 않았다. 비록 수강은 등록했지만 바쁘다보니 강의시간에 빠지는 날이 더 많았다. 진도를 따라가지 못하다보니 자연 공부와도 멀어지게 되었다. 그러던 중에 본사 김시경 이사님한테서 전화가 와서 다시 공부를 시작하게 되었다. 다시 시작 하는 중에 아는 지인들의 이름을 풀어보면 너무나 잘 맞아 수없이 놀랐고 그러다보니 자신감도 생기기 시작했다. 열심히 공부한 덕에 상담사자격증은 물론 지금은 어엿한 인천중부지사장 되었다. 어느 날, 남성고객이 상담을 의뢰했다.

659 69 713
진 수 암
782 72 046

　이름을 풀어보니 돈에 대한 집착이 강했다. 7.8이 1.2를 보면 절약가적인 기질로 구두쇠적인 경향이 있다. 대개의 경우 이름 중심에 재물을 나타내는 5.6이 있는데다 7.8이 1.2를 보고 있으면 금전에 대한 욕구는 강하지만 성에서 5.5.9는 문서 운이 없음을 예고하기 때문에 큰돈이 없다. 그러므로 이런 이름들은 마음을 비우고 살아야 그나마 건강이라도 유지하는데 돈에 대한 집착이 강하게 되면 8.8.2에 의해 설혹 돈을 번다하더라도 결국엔 건강으로 인해 병원비로 다 나가게 된다.
　하지만 이 사람은 동업자와 함께 부동산을 했다. 막상 시작하고 보니 생각보다 수익이 없었고 동업자와 관계도 원만치 못했다. 그로인한 스트레스로 인해 건강이 극도로 나빠져 심장수술까지 했다.
　이름에 7.8이 1.2를 보면 부동산 재물로 취득하는 것은 매우 좋은 수리배합이다. 그러나 이 이름의 경우는 성에서 5.5.9로 이미 문서 운이 흉으로 작용하고 있기 때문에 부동산 사업과는 거리가 멀다. 그런데 하지 말아야 할 부동산을 하고 있었으니 돈은 돈대로 건강은 건강대로 나빠질 수밖에 없다. 이런저런 대화를 나누다가 앞으로 백세시대니 이 흉한 이름으로 더 이상 건강을 해치지 말고 이름을 바꾸라고 권했더니 순순히 개명에 응했다. 좋은 이름으로 개명한 지금은 다른 것은 몰라도 건강만큼은 많이 좋아졌다고 한다.
　성명학에 입문한지 그리 오래되지 않아 많은 경험은 없지만 이거 하나만은 분명하게 깨달은 게 있다. 아무리 사주에 맞게 좋은 이름을 지었다 하더라도 늘 좋을 수만은 없다는 점이다. 이는 완벽한 좋은 이름으로 개명을 했다 하더라도 타고난 사주와 그 운로에 의해 이름의 파동 또한 운세의 흐름에 따라 조금씩 다르게 변모하기 때문이다.

파동성명은 소리에너지라 반드시 살아서 움직이는 생명의 기운이 있다. 살아 움직이는 이름파동의 에너지는 사람의 운명을 절대적으로 이끌고 간다. 물론 일부는 그 사람의 노력 여하에 따라 어느 정도의 변동은 있지만 좋은 이름은 확실히 그 사람의 운명을 지배하고 있다. 그래서 사람에게 가장 중요한 것은 이름이라 생각한다. 이름이 좋지 못하면 아무리 돈과 명예와 지식이 있더라도 그로인해 파재나 구설이 따르게 된다.

· 연락처 : 010-4947-5203
· 이메일 : mexican01@hanmail.net
· 사이트 : http://다지음인천중구.net

부자되는 동네이름이 있다면?

　인간에겐 반드시 살아서 움직이는 생명의 기운이 있다. 어떻게 보면 이 기운을 잘 살려 거주지나 사업에 활용하면 좋은 운기를 받을 수 있다. 모든 소리엔 살아서 움직이는 파동의 기운이 있다. 가장 많이 적용되는 것이 이름이고 다음이 동네 이름이다. 이런 점을 미루어 볼 때 운명은 절대적인 면에서 지배하는 것이지만 일부분은 사람의 노력 여하에 따라 어느 정도의 변동이 가능하다.
　즉 사람의 마음가짐에 따라 사람을 지배하기도 하지만 의지가 강한 사람에게는 운명이 사람의 지배를 받기도 한다. 절대적인 신심을 가진 사람은 운명을 끌고 가나 불신과 탐욕이 많은 사람은 운명이 사람을 죽음의 땅으로 몰고 간다.
　이러한 생각은 그나마 사고가 깨어있는 사람들의 지혜라고 할 수 있는데 여기에서 특히 우리가 무심코 흘러버릴 수 있는 소리에 의한 파장의 기를 타는 명칭지역이 있다는 사실이다. 이는 다시 좀 더 쉽게 설명하자면 자기하고 맞는 싸이클의 명칭이 있는데 그곳에서 사업을 하게 되거나 거주하게 되면 좋은 운기를 받아 사업이 번창한다거나 가정이 편안해지게 된다는 사실이다.

1) 동네 육친 도표

동네 년도	甲乙	丙丁	戊己	庚辛	壬癸
1. 2	ㄱ.ㅋ	ㄴ.ㄷ.ㄹ.ㅌ	ㅇ.ㅎ	ㅅ.ㅈ.ㅊ	ㅁ.ㅂ.ㅍ
3. 4	ㅁ.ㅂ.ㅍ	ㄱ.ㅋ	ㄴ.ㄷ.ㄹ.ㅌ	ㅇ.ㅎ	ㅅ.ㅈ.ㅊ
5. 6	ㅅ.ㅈ.ㅊ	ㅁ.ㅂ.ㅍ	ㄱ.ㅋ	ㄴ.ㄷ.ㄹ.ㅌ	ㅇ.ㅎ
7. 8	ㅇ.ㅎ	ㅅ.ㅈ.ㅊ	ㅁ.ㅂ.ㅍ	ㄱ.ㅋ	ㄴ.ㄷ.ㄹ.ㅌ
9. 10	ㄴ.ㄷ.ㄹ.ㅌ	ㅇ.ㅎ	ㅅ.ㅈ.ㅊ	ㅁ.ㅂ.ㅍ	ㄱ.ㅋ

2) 보는 방법

이름을 보는 방법과 달리, 동네는 그 반대로 동네가 기준이 되어 생년에 육친을 붙이는 것이 원칙이다.

예를 들어 64년 甲辰생이 주안동에 산다고 한다면 주(ㅈ)는 오행으로 金에 속하므로 동네 金이 생년 木을 극하므로 金克木으로 7.8관(官)에 해당한다.

여기서 주의할 점은 명칭을 볼 적에 동네 첫 글자의 첫 자음만 가지고 육친에 해당하는 지역을 말하는 것이다.

이랬을 때 동네의 명칭에서 자기가 태어난 연도에(辛酉생이 주(ㅈ)안 동에 산다고 한다면) 1.2에 해당한다.

1.2방향이면 비견 겁재로 재물 5.6을 극하니깐 쓸데없는 친구가 모여들게 되고 바쁘기만 하고 실속이 없어 피해야 하는 지역이다. 무엇보다 남성인 경우는 처와 이별내지는 불화를 자주 겪

게 되며 결혼 전의 미혼 남성은 사귀던 애인과 헤어지거나 결혼이 성사되기 어렵다.

3.4방향은 내 기운이 설기되는 방향으로 가장 나쁜 지역이라 할 수 있어 그리로 이사 가는 것은 가급적 피해야 한다. 그것은 내가 소모되고 죽는 자리로 매사 운이 막히고 손실됨을 뜻한다.

여성은 남편인 관(官)을 극하게 되므로 부부가 이별을 한다거나 잦은 불화로 갈등이 연속적으로 일어나거나 남녀 모두 직장을 잃게 되어 실직의 아픔을 겪는다거나 부진을 면치 못하게 되므로 아울러 이런 지역에 살고 있다면 하루라도 빨리 이사를 가는 것이 바람직하다.

재미있는 사실은 이상하게 이 지역에서 살고 있는 사람들이 이사를 하려고 하면 쉽게 집이나 점포가 매매 되지 않아 그래서 많은 손해를 입게 된다.

5.6방향은 재물이 생기는 지역으로 가장 이상적이고 합리적인 방향이라 할 수 있다. 남성은 이곳으로 이사하게 되면 재물 운이 좋아지고 상승기류에 편승해 경제적 여유가 생기고 이성이 생기게 되며 미혼인 경우 결혼을 한다거나 애인이 생기게 된다. 그러므로 가장 좋은 지역임은 두말할 것도 없다.

7.8방향은 실직자는 직업이 생기고 여자는 이성이 생기며 명예가 상승되는 지역으로 5.6 방향 다음으로 좋은 지역이라 할 수 있다.

매사 안정되고 여유 있으며 신분 상승이 따르고 귀인이 나타나 도와주게 되므로 선호하는 지역이다.

9.0방향은 학문과 문서에 해당하므로 이곳으로 이사하면 공부가 부진했던 학생들은 학업에 전념하게 되고 집이 없던 사람은 집을 장만하게 되어 마음의 여유가 생기며 대체로 무난한 지역이라 할 수 있다.

이렇듯 자기하고 맞는 명칭지역이 있는데 가장 좋은 지역은 두말할 것도 없이 재물을 상생시켜주는 5.6방향이라 할 수 있고, 다음으로 명예에 해당하는 7.8방향을 꼽는데 무엇보다 가장 피해야 하는 방향은 바로 자신의 기를 설기시키는 식상에 해당하는 3.4방향이다.

 불러주는 명칭에 있어 그 사람의 년도와 맞춰 운기가 작용하는 사실을 아는 사람은 그리 많지 않을 것으로 보는데 이는 여러분들이 그동안 살아온 동네를 비교 분석해 보면 너무나 확연히 알게 될 것이다.

지나친 욕심으로

송태준(인천부평지사)

戊戌年(2018년) 봄날 따뜻한 날에 여러 지인들과 봄나들이를 갔다. 날씨도 좋았고 화기애애한 분위기에 시간가는 줄 모르고 있었는데 갑자기 전화기가 울렸다. 약간 떨어진 곳으로 가서 전화를 받고 보니 간단히 끝낼 내용이 아니어서 이름과 생년월일을 문자로 보내면 시간이 되는대로 연락을 하겠다고 한 후 전화를 끊었다.

오후에 시간을 내어 전화를 했더니 신세 한탄부터 시작하며 끝낼 줄을 모른다. 30대에 아파트 두 채를 사고 아들도 있으며 현재 6학년에 다니고 있다고 한다. 그런데 몇 년 전에 우연히 주식을 알게 되어 재미로 조금 투자를 했는데 이것이 대박을 냈단다. 아내도 아주 좋아해서 서로 상의한 결과 계속해서 주식에 대하여 공부도 하고 투자도 늘려서 했단다. 그런데 현재는 집도 다 날리고 부인과도 이혼을 하고 현재는 직장도 없고 실업수당으로 간신히 살아가고 있단다. 지금도 돈만 있으면 주식에 투자를 하고 싶단다. 언제쯤이면 좋은 운이 와서 잃었던 재산을 복구하게 될지를 묻는데 나로서는 정말 답을 내놓을 수 없었다. 그래서 이름을 바꿀 의향은 있는지 물어보니 이미 개명을 한 이름이라고 한다.

1973년 7월 30일생(양력)

개명 전 이름				개명한 이름			
계(癸)	이름	축(丑)	이름 해설	계(癸)	이름	축(丑)	이름 해설
6 4 2	임	2 0 8	'임'이라는 성은 1-2, 3-4, 5-6, 7-8, 9-0이 고루 갖추어져 있어 좋은 운명으로 잘 타고 났으니 어려서 부모님 덕으로 어려움이 없이 잘 지냈을 것임. 성격도 활달하고 재주도 뛰어났으며, 6(재물)이 9-0(학문, 문서)을 견제하고 있어 부동산도 있을 것으로 보이며, 2가 5-6을 견제하고 있어 재물도 풍부하게 있을 것으로 보이는 바 좋은 이름임. 이름에서도 모든 수리가 고루 갖추어져 있어 아주 좋은 이름인데……	6 4 2	임	2 0 8	이름에서 9-0(학문, 문서)이 3-4(재주, 총명)를 극하니 숨은 7-8(직업, 명예)가 있어 좋으나 6(재물)이 9를 극하는 것이 2번이나 있어 문서(부동산)의 확보에 어려움이 있을 것으로 보인다. 또한, 4가 8을 극하여 안정된 직업을 갖기가 어렵고, 2가 5를 극하니 재물을 모을 수가 없을 것으로 보인다. 부모의 덕으로 남부럽지 않게 살았으나 지나친 욕심으로 인하여 어려운 삶을 살게 될 것으로 보인다.
4 0 6	상	0 6 2	^	3 0 8	찬	9 6 4	^
0 7	규	6 3	^	2 9 6	명	8 5 2	^

아내도 미장원을 하고 자신도 좋은 회사에 다니고 귀여운 아들도 있어 부러울 것이 없는 생활을 하다 보니 보다 큰 욕심이 생겼음을 알 수 있다. 보다 많은 것을 가지고 싶은 마음으로 주식에

투자를 하였고, 자기도 모르게 빠져들어 멈추지 못했고, 개명한 것이 더욱 나쁜 운으로 작용하여 현실에 이르렀으니 누구를 탓할 수도 없게 되었다.

지금이라도 욕심을 버리고 성실하게 살기를 바라는 마음이 간절하다.

아무리 좋은 이름이라도 끝없이 좋을 수는 없다. 욕심이 지나치면 화가 된다. 잘 나갈 때 주의하여 본분을 지키는 것은 만고의 진리이다.

또한 작명가는 좋은 이름으로 고객의 어려움을 되도록 적게 해야 하는데 좋은 이름을 버리고 어려움을 더욱 어렵게 하였으니 작명가의 책임도 크다는 것을 여실이 보여주고 있다.

저도 몰라요! 꿈만 같아요!

己亥年(2019년) 한여름 어느 날 거의 왕래가 없었던 집안 질녀(조카딸)에게서 전화가 와서 반갑게 받았다.
"어찌된 일이야? 전화를 다 하게!"
"아저씨, 우리 아기 이름을 지어 주세요."
"아니, 시집도 안 간 아가씨가 아기 이름을 지어달라니 어찌된 일이야!"
"저 결혼했어요. 그리고 아들도 낳았어요."
"아니, 좋은 자리 마다하고 결혼할 마음이 없다더니 언제 결혼을 했지? 하여튼 축하해! 아들 이름을 잘 지을 께!"
아기의 출생연월일을 확인한 후 전화를 끊고 나서 생각하니 4~5년 전에 내가 질녀의 부모를 만나서 작명소를 운영한다고 소개를 한 적이 있었다. 그 후로 질녀 어머니(필자의 집안 제수씨)의 소개로 개명해 주었고 그 뒤로 별로 왕래가 없었다.
당시 어머니의 말로는 본인의 딸이 홍익대학교 응용미술과를 졸업하고 미술학원 강사를 하고 있는데 실력도 인정받고 인기가 좋아서 학원장도 아주 좋아한다고 했다. 그런데 결혼을 하라고 하면 관심도 없고 좋은 혼처자리가 나와서 사귀어보라고 하면 남자가 마음에 들지 않는다고 하여 부모님의 애간장을 태운다고 했다. 또한, 여행을 좋아해서 여유만 있으면 외국 나들이를 가니 돈도 모으지 못한다고 했다. 그런데 이름이 나쁘면 그럴 수도 있으니 감명을 해 보자고 하기에 자세히 이름을 해설(통변)을 해 주고 새로운 이름을 지어 주었다.

· 연락처 ; 010-3299-5387
· 멜주소 ; syk0823@daum.net
· 사이트 ; http://다지음남구.com

다지음학회의 최대 장점은?

　우리가 세상을 살아가노라면 알게 모르게 희비를 겪으며 살아간다.
　옛사람이 이르기를 인생은 밧줄과 같아서 몸부림을 치면 칠수록 더 조이게 되어 풀기 어렵다고 하였다. 이 말은 사람으로서 번민과 고뇌가 없는 이가 어디 있겠는가마는 이 번민과 고뇌를 해결하는 방법으로 옛적부터 역, 점 등의 여러 가지 점단술을 이용하였다.
　그러므로 사람들은 저마다 역을 알고 그 운명에 대비하면 길흉화복을 미리 피해 갈 수 있다고 믿어 역학자의 자문을 구하곤 한다. 흉환(凶患)과 재해를 미연에 제거함으로써 흉을 길로 바꾸거나 화(禍)를 복으로 전환시키어 자신은 물론 가정의 번창과 행복을 얻을 수 있기를 바라고 있다.
　사주가 바꿀 수 없는 숙명적 요소라면 이름은 운명을 개운시켜 주는 가변성의 운명이다. 이러한 타고난 팔자를 이름을 통해 개운시켜주는 학회가 바로 한글구성성명학회다.

그런데 여기에 취길피흉의 길까지 열어준다면 그야말로 금상첨화가 아니겠는가! 성공한 사람과 그렇지 못한 사람의 차이점은, 운을 적절히 활용하느냐 못하느냐에 달려 있다. 사람들은 흔히 흉운을 피해 가지 못한다 생각하기 쉬우나 그렇지 않다. 하늘은 길흉에 대한 대처로 성명학이 주어졌는데 사주의 부족한 기운을 보완하여 삶의 질을 향상시키는 개운의 요체가 되는 것이 바로 구성(口聲)성명학이다. 만약 타고난 사주에 남편복이 없다면 이름에서 그 덕을 보완하여 남편덕 있게 하면 되고, 재물복이 없다면 재물운을 융성하게 넣어주어 그로인해 사주에 없는 재물을 이름에서 보완하면 된다.

구성성명학은 사주 명식의 원리다. 따라서 태어난 년도를 기준으로 육친 관계를 분석한다. 아울러 사주학에서 생년을 운명의 뿌리인 조상으로 보고 있다. 그 이유는 인류의 모든 선조(先祖)들의 영체(靈體)로 구성된 입체영상과의 교신통로가 생년원기라고 여기기 때문이다. 그러므로 성명학에서도 생년의 천간(天干)과 지지(地支)를 중심으로 오행을 기준하여 육친을 산출하기 때문에 이름의 당사자의 길흉을 자유자재로 알아낼 수 있다.

즉 丁亥년에 출생했다고 하면 성씨가 홍이라고 한다면 ㅎ(己)가 되므로 나를 생해주므로 아생자(生我子) 편인에 해당되고, ㅗ는 壬水라 생년 丁火를 壬水를 극하므로 아극자(我剋子) 정재라 하며, ㅇ는 戊土라 생년 丁火가 戊土를 생해주므로 정인에 해당한다.

이름이 또한 '길동'이라면 길은 ㄱ(甲)이 생년 丁火를 생해주므로 아생자(我生子) 상관에 해당되고, ㅣ(庚)는 극아자(剋我子)로 정관에 해당되며, ㄹ(丁)는 나와 같으므로 비견이 되고, 동은 ㄷ(丙)은 나와 같으나 음양이 다르므로 겁재가 되며, ㅗ(壬)가 내가 극하므로 아극자(我剋子) 정재가 되고, ㅇ(戊)는 나를 생해주므로 정인이 된다.

　이런 식으로 육친을 표출하게 되는데 성(姓)은 주로 초년을 나타내고 이름의 첫 자는 자신을 나타내므로 자신을 가장 중요하게 여겨 이를 중심명운이라 하며 주로 중년 운을 나타내며 아울러 이름 끝 자는 말년을 나타내게 된다.

　이렇게 표출된 육친을 가지고 운명을 분석하기 때문에 이름에서 나타나는 운세의 위력은 정말 놀라우리만치 무섭다고 할 수 있다.

　이름은 그 주어진 운명을 스스로가 개척하여 좀 더 나은 삶을 살아갈 수 있도록 신(神)이 인간에게 부여한 특권이라 할 수 있다. 그러므로 신이 인간에게만 부여한 이름이라는 특권을 최대한 이용하여 보다 나은 삶을 살아가도록 노력하는 것도 인간만이 가질 수 있는 지혜라 여긴다.

　이렇듯 사주를 풀이하는 형식으로 이름도 육친으로 풀이하기 때문에 이름만으로도 얼마든지 그 사람의 운명을 유추하여 운세를 읽어낼 수 있을 뿐 만 아니라, 개운(開運)도 할 수 있어 그래서 이름이 중요하다고 거듭 강조 하는 바다.

구성성명학을 믿고 있기에

이유림(인천남동지사)

　작년 봄 거리의 꽃들이 너무도 아름답게 피워 마치 하늘 아래의 꽃 봉우리들이 서로 고운 자태를 뽐내며 자랑하고 있는 듯 했다. 그야말로 꽃의 향연이라 할 만큼 눈이 부시게 시리고 아름다웠다. 꽃에 도취되어 유리창 너머에 시선을 고정하고 있는데, 서른 살 남짓 한 청년이 예약도 없이 사무실 문을 성큼 열고 들어섰다. 순간 놀라지 않을 수 없었다. 청년의 얼굴이 너무도 창백하다 못해 표정 또한 감이 잡히지 않았다. 촛점이 흐린 눈빛에서 몽환적인 분위기를 자아내 도저히 정상적인 사람 같아 보이지 않았다. 그런 그가 목이 탔는지, 제일 먼저 꺼내는 말이
　"물 한잔 마셔도 될까요?"
　헉~ 그러나 그 목소리엔 반전이 있었다. 흐릿한 눈빛과는 정반대로 목소리는 너무도 차분하고 예의 바른 음성이었다. 그래서 그 순간 저 친구한테 뭔가 깊은 사연이 있구나. 순간 그렇게 느껴졌다. 그래서 먼저 물었다
　"무슨 고민이라도....?"

그러나 그는 아무 말이 없었다. 그래서 두서없이 이어 말했다.
"거기에 그냥 그렇게 서 있으면 그저 땅이지만 그 위를 걸으면 그때부터 길이 됩니다."
왜 그렇게 말했는지 모르지만 나도 모르게 불쑥 나온 말이었다. 습관처럼 이름이 뭐냐고 물었다. 그랬더니 그때서야 머쓱한지 이름이 두 개라며 웃을 듯 말듯하게 답했다. 머쓱해 하는 그의 표정이 순간 귀엽고 순수하게 느껴졌다.
두개의 이름 모두 풀어 보니, 인상에서 느꼈던 그 예감대로 9,0(水)과 7,8(金)의 부조화가 순간 눈에 들어왔다. 대부분 이러한 경우엔 학문도 직업도 뜻대로 이루어지지 않아 갈등의 계속될 수밖에 없다. 친구들은 버젓한 직장인으로 살아가는 것에 반해 그는 여전히 취업준비생으로 부모님께 의존하고 살아갈 수밖에 없으니 그의 자존감이 바닥일 것이요, 의기소침하여 무기력할 것이다. 4년제 대학을 졸업하고 취업을 위한 도전을 수없이 했지만 그리고 스팩을 쌓기 위한 자격증 취득도 많이 갖고 있지만 결과는 늘 고배의 쓴 잔이었다. 그렇게 8년 세월을 지내다 보니 자신은 물론 부모님도 서서히 지쳐가고 있었다. 아무런 희망이 보이지 않아 삶을 포기할까 생각할 정도로 지쳐 있었다. 달리 해줄 말이 떠오르지 않아 그에게 물었다
"그동안 어떤 도전을 해 봤나요?"
그렇게 물어도 그의 표정은 허공만 맴돌 뿐 아무런 반응이 없었다. 하긴 취업 자체가 도전이 아니라 삶의 연장선상에서의 연속일 뿐이지, 그게 어디 도전이라 할 수 있겠는가? 어줍잖게 조언해준다는 게 도리어 그의 심기만 불편하게 한 것 같아 미안한 생각이 들었다. 그래서 그에게 두 개의 이름에서 발현되는 기운이 결국 본인을 이렇게 무기력하게 한 원인임을 설명해주면서 개명을 적극 권유했다. 그랬더니 지푸라기라도 잡고 싶은 심정이었

는지 한 치의 망설임도 없이 즉각 그의 보무님께 전화를 걸었다. 그리고 단호하게 개명을 하겠노라고……. 선언에 가까운 의지를 부모님께 확실하게 전하고 나서, 그 자리서 작명료를 카드로 결제했다. 막상 개명의 결심을 굳히고 나니까 기분이 홀가분해서인지 좋은 이름을 지어 달라며 엷은 미소로 부탁했다.

개명의 결심 자체가 내가 변하고자할 때 일어나는 마음의 확고한 의지 표명이다. 그럴 경우 주변인들조차 당사자의 변화된 표정에서 믿음이 수반되어 도움을 주고자 여러 모양의 손길로 다가선다.

개명하고 나면 분명히 달라지는 것을 느낄 터이니 다음에 만날 때는 좋은 소식과 함께 훗날을 기약하자고……. 그렇게 인사를 나누고 돌아갔다.

그리고 몇 달 후, 그 청년의 어머니로부터 전화가 걸려왔다. 근 몇 달 사이에 아들이 변해도 너무 변했다고 놀라워했다. 예전에는 방에 틀어박히면 꼼짝도 안하던 녀석이 이제는 취업 전, 용돈만이라도 스스로 충당하겠다며 알바를 다닌다고 했다. 그러면서 돈을 떠나 뭔가 해보겠다는 의지가 기특해 숨이 좀 트인다고 감사의 인사를 전해 왔다. 그래서 그냥 나도 덩달아 기뻤다. 비록 바라는 취업은 아직 미정이지만 그가 개명하고 스스로 변하고자 하니 이보다 더 큰 발전은 없다. 어찌하였건 그가 개명한 좋은 이름으로 원하는 직장에 꼭 취업할 것을 조금도 믿어 의심하지 않는다. 그 누구보다 구성성명학의 에너지를 믿고 있기에…!

· 연락처 ; 010-2415-4888
· 이메일 ; youngrim10@naver.com
· 사이트 ; http://다지음인천남동.com

잘못된 학설에 속고 있다!

81수리성명학

현재 사용되고 있는 성명학 종류는 여러 가지가 있지만 그 중 가장 많이 사용하는 것이 한문획수로 풀이한 81수리성명학이다. 그런데 이 작명방식은 일반인들도 책만 있으면 누구나 쉽게 배울 수 있다. 그러다보니 이 간단한 원리로는 쉽게 접근되지 않으니까 여기에 추가되는 것이 사주용신 성명학이다. 즉 사주에 물이 없으면 물 수(水)변을 넣어주고, 금이 필요하면 쇠 금(金)변을 넣어 지어주는 방식이다. 이는 사주를 알아야 가능하기 때문에 작명가한테 의뢰하게 된다.

또한 음양 오행성명학, 주역 64 대성괘 성명학이 있으며, 이와 비슷한 광미명성학이 있고, 곡획성명학이 있다. 또한 현재는 거의 사용하지 않지만 측자파자 성명학 등이 있다. 여기에 추가되는 몇몇 작명방식이 있지만 주로 원형이정의 한문획수가 대세를 이루고 있다. 그중 전부 생략하고 가장 많이 쓰이는 수리성명학과 파동성명학에 대한 모순점만 논하기로 하겠다.

　81수리성명학은 주역의 건(乾)괘에서 표현되는 천도의 운행 원리인 원(元) 형(亨) 이(利) 정(貞)의 네 가지 격을 가지고 81수리의 표에 의하여 주인공의 마음에 내재된 격을 살펴 운명을 풀어가는 방식이다.

　1에서 81까지의 수는 성(姓)과 이름자의 획수를 조합해서 나온 수리다. 숫자 하나가 원형이정의 격을 갖추어 81가지 수(數)의 제각각 길흉이 정해져 있다. 어떤 수는 매우 길한가 하면 어떤 수는 매우 흉하다.

　대부분의 역술인들이 이 수리성명학으로 이름을 작명하는데, 한자획수에 따라 1획부터 81획까지의 길흉화복을 정해 놓고 그 수리에 따라 판단하는 작명방식이다. 그렇지만 여기서 한 가지 문제점을 논한다면 부수에 의해 획수가 변한다는 사실이다.

　예를 들어 정(鄭)은 15획이나, ß(우부방)에 고을 읍(邑)변 부수에 의해 7획이 된다. 따라서 19획이다. 그런데 이렇게 부수에 의해 달라지는 획수를 갖고 어떤 작명가는 15획으로 썼을 때 좋은 이름이라 하고, 또 어떤 사람은 19획으로 썼을 때 좋은 이름이라고 제각각 주장이 다르다. 때문에 부수에 의해 획수가 달라지는 수리 성명학의 논리가 맞지 않는 것이다.

　경부고속도로 건설로 우리나라 경제발전에 한층 가속화 시켰던 현대그룹 정주영회장의 이름으로 노년을 나타내는 총획을 가늠해 보겠다.

　　鄭(15)
　　周(8)
　　永(5) = 총획 28획 (파란풍파격)

鄭(19)

周(8)

永(5) = 총획 32획 (의외득재격)

28획 파란풍파격

망망한 푸른 바다에 한 폭의 조각배와 같이 변란이 많고 일신에 영화를 얻었다면 가정에 파란이 속출하고 행운이 다가와도 일시적이요, 대개가 수액(水厄)으로 돌아간다. 매사가 중도에서 끝나고 끝을 맺지 못하며 처자의 인연마저 희박하여 파란을 자주 만난다. 부부간에 생별 혹은 사별하고 불구와 단명 형벌을 면치 못하여 객지에서 변사(變死)할 수다.

32획 : 의외득재격

바람과 모진 서리가 다시 지난 뒤 따뜻한 날씨에 하늘이 맑게 개고 바닷물이 잔잔함으로 배를 띄워 즐겁게 놀이하는 현상이다. 뜻밖의 재물이 생기고 명예와 지위가 있고 만사가 뜻대로 이루어져 수복강녕 하는 대길한 수리다.

이와같이 현재 작명가들이 가장 많이 선호하고 있는 수리성명학 이론이야말로 모순점이 많다.

또 다른 예를 든다면,

8 金

3 大

4 中

원(元)격 초년 7획 독립격
형(亨)격 중년 11획 신성격
이(利)격 장년 12획 박약격
정(貞)격 노년 15획 통솔격

장년을 나타내는 이격이 12획 박약격이다. 그럼에도 불구하고 누구보다 정치생명이 가장 길었던 대통령이다. 여기에 또 한가지 문제점을 지적한다면, 金大中이란 똑같은 이름을 가진 사람이 누구는 대통령이 되는가 하면, 누구는 지극히 평범한 서민으로 살아가고 있다는 사실이다.

자음파동 성명학

파동이란 잔잔한 물에 돌을 던지면 그 자리에 파동이 생기고 그 파동을 중심으로 원형의 파문이 사방으로 퍼져 나가는 것을 뜻한다. 즉 소리가 공기에 진동하여 파동이 생기는 현상을 파동성명이라 하며 이를 오행으로 분류해 성격이나 운세를 판단하는 방식을 말한다. 그러면서 한글획수를 자음인 첫소리와 받침인 끝소리 자음글자만을 갖고 오행을 분석한다.

한글은 자음과 모음이 있으나, 자음 14자로만 오행을 정하고, 모음은 아예 처음부터 보조어로 배제시키고 있다. 첫소리 자음과 받침 자음으로 구분한다. 따라서 어떤 글자라도 앞에 쓰는 글자는 첫소리라 하고, 끝에 받침으로 쓰는 글자를 끝소리라 부른다.

예를 들면 한의 ㅎ은 첫소리고 ㄴ은 끝소리가 되며, 가운데 소리는 도움을 주는 보조어의 글자로 파동성명학 상으로는 중요시하지 않는다.

그런데 문제는 자음으론 어떠한 소리(파동)도 나지 않는다는 사실이다. 한글의 소리(파동)음은, 자음과 모음의 결합 없인 절대 음(파동)을 만들어 낼 수 없다. 이러한 근본적인 모순점을 안고 연구된 자음 파동은, 무엇보다 파동의 논리구조에 어긋난 학설이다. 따라서 파동성명학의 창시자라 일컫는 대구 某 학회의 파동(음파) 성명이야말로 웃기는 소리에 불과하다. 차라리 '파동'을 뺀 성명학이라면 어느 정도 수긍은 된다. 왜냐면 다른 성명학에 비하면 성격 하나만큼은 기막히게 잘 맞으니깐.

자음파동과 구성성명의 대비

이대영(71년생)
3 6 44   42 64 474
이 대 영   이 대 영
6 7 55   53 75 505

이대영이란 이름은 자음으로 풀이하면 식신 3이 정재 6을 생하고, 정재가 또 상관 4를 생하므로 상생의 기운이 배합된 좋은 이름이라 생각하기 쉽다.

지지(地支)에서 발현되는 정재 6이 명예를 나타내는 편관 7을 생하고 관성 7이 다시 또 사업적인 재물 5를 생하므로 명예는 물론 금전도 융성하리라 판단한다만. 모음이 들어가면 직업(명예)이 깨지고, 중첩된 재성(5.5)으로 인해 재물의 파재를 맞고, 문서도 깨지게 되는 흉재의 조짐이 많다.

따라서 이런 이름의 주인공은 선천운에서 나타나는 4.2는 상관생재로 좋은 의미를 담고 있다. 그러나 이름의 첫 자인 〈대〉는 정재 6으로 재물이 있다고 착각하기 쉬우나, 안타깝게 성에서의 모음 재물을 파괴하는 겁재 2가 땀 흘려 벌은 정재 6을 극하므로 파재(破財)가 된다.

뿐만 아니라 끝자 〈영〉은 편관 7을 상관 4가 위아래서 상극하는 것이 악재다. 선천(天干)운은 유독 상관 4가 중첩되어 많은 것이 흠이다. 대개 이런 이름은 관재구설이 끊이지 않게 계속된다. 상관 4의 특성상 남과 다투기를 잘하고 교만하여 사람을 얕보는 특성이 있다. 고로 내심은 온정을 품고 또 재능의 소질이 있더라도 이러한 특성 탓에 타인의 오해와 비방을 받기 쉬우며, 세인의 방해, 반대, 경쟁, 소송 등을 야기하기 쉬워 늘 관재를 달고 다닌다. 이름에 4가 많아도 자식을 극해하거나 명예에 치명적인 손상을 입게 된다. 심성이 거만하고 음험하여 남의 지탄을 받는 일이 많으며, 또한 혼담의 장애가 많으며 결혼 후 이별수가 있어 부부간에 해로하기 어렵다.

이러한 악재의 기운이 후천 地支 명운에서도 여실히 나타난다. 〈이〉의 모음 3이 〈대〉의 자음 편관 7을 직격탄으로 상극하므로 선천운의 기운과 합세하여 이를 사정없이 파괴한다. 이렇게 되면 명예에 치명적인 손상을 입게 되고 자식에게 해가 미친다. 중첩된 편재 5가 과욕을 불러 일으켜 파재는 물론 색정으로 많은 이성과의 교류로 부부간에 이별(이혼)내지는 반목으로 갈등을 빚게 된다. 아울러 중첩된 편재 5가 정인 0을 위아래서 상극하면 학문과 인연이 없고, 나이가 들수록 문서가 깨지는 형극이 되어 곤궁한 액(厄)을 면치 못한다.

그나마 다행인 것은 이름의 첫 자 선천운에서의 6.4와 후천 운에서 7.5가 재물적인 운세와 명예적인 측면에서 지탱해주고 있어 중년까지 그런대로 유지될 수 있으나, 이름 끝 자에서 발현되는 〈영〉의 흉칙한 배합이 앞으로의 운명에 어떠한 영향을 미칠지, 그 향방이 자못 염려되는 바다.

한성주(75년생)
79 68 6   720 688 50
한   성   주   한   성   주
79 68 6   720 688 50

한성주라는 이름은 乙卯년 천간 지지가 같은 해에 태어났다. 그렇기 때문에 그 기운이 두 배로 나타난다.

성에서 7.9는 관인상생으로 학문과 명예가 따르고 이름의 첫 자 〈성〉은 6.8로 재생관이 되어 재물과 명예는 물론 끝자 〈주〉 정재 6 또한 물 흐르듯 재물을 상생시켜 주어 늦게까지 재물이 융성해 좋은 이름이라 할 수 있다. 그래서 파동으로 지었을 때 거의 완벽한 이름이 된다.

그러나 다음과 같이 모음이 들어가면 그에 따른 해석이 달라진다.

이런 이름의 주인공은 천간 지지가 같은 해에 태어나, 이름에서 발현되는 기운이 좋으면 두 배로 좋고, 흉하는 그 기운도 두 배로 불길하게 작용한다.

따라서 어떻게 보면 충극의 배합이 별로 눈에 띄지 않아 대체적으로 무난해 보이기 쉬우나, 자세히 살펴보면 이 이름에서 가장 눈에 띄는 부분이 관살이 혼잡되어 있다.

〈한〉의 편관 7과 이름의 첫 자 〈성〉의 관성 8.8이 중첩으로 매우 혼잡하다. 또한 乙卯년은 천간지지가 같다 보니 그 기운이 두 배로 강화된다. 따라서 관살(남자가 많은 흉성)이 많은 것이 유독 눈에 띈다. 이는 여러 번의 혼인관계(8.8)를 예상하거나 복잡한 이성 관계를 뜻한다.

그리고 자식인 식상을 나타내는 3.4가 없는 것도 취약한 문제로 등재된다.

무엇보다 이름에 육친이 나타나지 않으면 없는 것도 문제요, 너무 많은 것도 문제가 된다. 그중 없는 것 보다 많은 것이 더 흉이 된다. 많은 것은 극제 해주는 것이 묘미인데, 이를 극제 시켜주는 3.4가 없어 악재로 작용한다. 여성의 이름에 3.4는 자식을 나타내므로, 따라서 이런 이름은 복잡한 이성관계로 구설이 분분하고, 자식이 없게 되는 것이 흠이다.

또한 5.0의 배합은 5.6은 父요, 9.0은 母다. 이는 나를 중심으로 5.0은 부모가 되기 때문에 유일하게 상극으로 보지 않는다. 그러나 이 이름처럼 0.6이나 5.0으로 반복해 나타나면 부모님이 각각 두 분이 된다는 의미다.

이는 복잡한 가정환경으로도 해석되지만, 학문과도 연계되기 때문에 아무리 석. 박사 학위를 취득한 재원이더라도 끝까지 학문으로 이어지지 못한다.

이름 안에 흉한 기운이 감돌면

김민경(대전중구지사)

```
42  414  165
이   응   출
20  292  943
```

31년생 이응출 노파는 충북 옥천에서 농부의 딸로 태어나 18살 어린나이에 동갑인 남편과 결혼했다. 결혼하고 나서 남편이 군 입대를 하여 홀로 시모님을 모시고 가장노릇을 하면서 생계를 책임지고 살았다. 후에 남편이 제대하고 집에 돌아왔지만 건강이 좋지 않아 몇 년간 병간호를 했다. 이런 와중에 아이를 갖지 못했다고 시집오면서 7년 동안 시모한테의 구박이 이만 저만이 아니었다. 그야말로 요즘 여성들은 견디기 힘든 모진 시집 살이었다.

그나마 7년 만에 첫아들을 낳았지만 남편이 아프다보니 아들을 등에 없고 행상으로 생계를 꾸려야 했다. 다행히 남편의 건강이 회복되어 나름대로 일을 하게 되자 행상을 그만두고 넉넉하지는 않지만 그럭저럭 행복한 가정생활을 꾸려나갔다. 그러던 어느 날 남편이 동네 여자와 바람이 나서 도주하는 바람에 졸지에 다시 또 어린 자식들과 갓난아이를 들쳐 업고 행상을 했다. 근근이 생활하던 중 동네 사람이 경북 어디에 두 사람이 살고 있다는 정보를 주어 남편이 있는 곳에 찾아갔다. 가서보니 남편은 두 번째 여자와 알콩달콩 재미있게 생활 하면서 가정으로 돌아올 마음이 추호도 없다고 강경하게 말했다. 너무나 완강한 모습이라 홀로 돌아오는 길에 눈물만 하염없이 흘렸다.

이응출 노파의 이러한 사연을 다른 사람의 입을 통해 전해 듣다보니 성명학을 하는 사람으로서 그 이름에 대한 궁금증이 생겼다. 성에 남편을 나타내는 7.8이 없고, '응출'이란 이름에선 비겁의 생을 받아 상관이 왕성했다. 대개의 경우 여성의 이름에서 상관 3.4가 왕성하면 남편 7.8을 극하기 때문에 남편 덕이 없다. 그러니 이런 이름에서 어찌 남편이 견딜 수 있겠는가? 그리고 바람난 남편이 설혹 집에 돌아온다고 한들 과연 견딜 수 있겠는가? 하는 의문이다. 이응출 이름전체에 남편을 나타내는 7.8이 없는데다 상관인 3.4가 비겁의 생을 받아 힘이 강하니까 어떻게 보면 남편 복이 없는 것이 당연하다 할지모르겠으나 솔직히 같은 여자로서 기구한 운명의 이 노파의 삶이 어떻게 이토록 불행할까 싶을 정도로 나의 마음을 아프게 했다. 설상가상으로 후천 운에서 조차 비겁 1.2가 왕성하여 인성 9.0을 생해주면서 식상을 극하고 있으니 고생고생해서 자식들을 출가시켰지만 결국에는 50대 후반에 자궁경부암 3기말이라는 진단을 받았다. 참으로 가련하고 불쌍하기 그지없는 한 여자의 일생이었다. 그러면서도 노파는 남편한테 원망은커녕 야속하다는 속내 한번 표현하지 못하고 모든 것을 당신이 운명이라 생각하고 살았다.

요즘 젊은 사람 같았으면 이혼이라도 불사한다고 했을 법한데 노파는 겉으로 아무런 내색도 없이 속으로는 남편을 사무치게 그리워했다고 한다. 낮에는 행상으로 힘들게 생활을 꾸려나갔지만 밤이면 술과 담배로 외로움을 달랬다. 그나마 다행인 것은 마지막 운명하는 순간에는 그렇게도 그리던 남편이 곁을 지켜주어 편안하게 눈을 감았다고 했다.

그동안 많은 사람들을 임상하면서 경험한 바에 의하면 여성의 이름에 비겁이 많고 이 비겁이 상관을 생하면 배우자와의 인연이 없다는 것을 많이 보아왔다. 그리고 젊은 여성일 경우는 이성에 눈이 일찍 떠져 결혼을 하게 되는데 그럴 경우 거의 대부분이 그로인해 일찌감치 이별의 아픈 상처를 겪게 된다.

그러므로 이런 이름의 여성들은 남을 가르치는 교육이나 말로 벌어먹는 영업직종, 그리고 사람을 많이 상대하는 직종의 요식업이나 예체능 등에서 활동하면 '출'에서의 1.6.5에 의해 나름대로의 입지를 구축할 수 있지만 그렇더라도 결국엔 배우자 복이 없다보니 외로움으로 인한 스트레스로 건강에 이상이 생기게 된다.

구성성명학은 그 어떤 성명학보다 소리에너지의 근간을 두고 사주를 그대로 성명학에 접목한 사주성명학이다. 따라서 불러 주는 파동의 에너지에 의해 당사자의 운명이 좌지우지 된다. 즉 남들의 입을 통해 '넌 남편 복이 없다' 그러면 이 노파처럼 남편과의 백년해로가 어렵다.

그동안 현장에서 경험한 바에 의하면 부모가 이름을 직접 지어주었든, 아님 작명가한테 지었던 간에, 사주대로 이름을 짓는다는 사실이다. 누구보다 나는 수십 년을 사주명리를 공부한 사람이다. 그러다 보니 이러한 구성성명학의 원리에 탄복을 하지 않을 수가 없다. 따라서 이름 안에 흉한 기운이 감돌면 실패와 좌절을 겪을 수밖에 없게 되고 그로인해 낙후된 삶을 살게 될 수밖에 없게 된다. 그러므로 누구라도 구성성명학을 안다는 것 자체만으로도 행복한 사람이라 감히 말할 수 있다.

안타까운 죽음

357. 547. 64
선 은 희
579. 769. 86   세운(기해년. 기사월. 기유일)

  62년 임인(壬寅)생 선은희는 어린 시절 읍면 작은 소재지에서 교편을 잡았던 부친 덕에 풍족하게는 아니나 그런대로 부족함이 없이 자랐다고 한다. 이는 성에서 나타나는 3.5.7로 식신(식록) 3이 재성 (재물) 5를 생하고 또한 재성이 관성(남편과 직업) 7을 생하니 그녀의 말대로 유년에는 무탈하게 살았다고 보는 수리다.
  그동안 상담하면서 경험한 것에 의하면 성에서 남편을 나타내는 관성 7.8이 반복적으로 나타나고 있는 상태에서 이름에서 3.4가 중첩되거나 3.4가 7.8을 극하면 대개의 경우 두 번 결혼하는 것을 종종 보게 된다. 또한 성에서 7의 편관수리를 갖고 있는 여성들은 경찰이나 군인, 소방관 등의 강한 직업을 가진 배우자를 만나면 그런대로 결혼생활을 유지하나 그 외는 일부종사가 어렵

다,
　그런 점을 미루어 볼 때, 선은희 역시 그렇게 무난한 배우자를 만났다고 장담하기는 어렵다. 어찌 보면 3.5.7에 의해 무탈할 것 같지만 이름 첫 자의 5.4.7이 그동안의 삶이 편치 않았음을 엿볼 수 있다. 편재 5의 성향과 편관 7의 수리의 조합을 볼 때 우선 성격이 활달하고 강하며 비록 여자지만 남성적인 기질이 다분하다.
　이름 첫 자에서 암시하듯 4.7의 배합에 의해 결혼하고 아들 하나를 낳았지만 얼마 살지 못하고 바로 이혼하고, 그리고 또 다시 재혼을 하였다. 그렇지만 그 또한 얼마 살지 못하고 헤어지고 말았다. 이름에서 관성(남편)이 4.7에 의해 온전하지 못하니 남편 덕이 없음이 당연하다. 재물은 성에서 3.5와 5.7에 의해 타고난 금전 운은 있으나 이름 전체에 5.6의 수리가 매우 많다보니 돈의 대한 욕구가 강하다고 볼 수 있다. 그러므로 본인이 노력해서 차곡차곡 축적하기 보다는 재물적인 욕구로 인해 투기성이 발동할 수 있다고 풀이된다.
　그래선지 선은희 또한 동료들과 항상 노름을 즐기다보니 정상적인 생활보다 다방면에 걸쳐 다양한 종류의 직업에 전전하며 살았다. 이 또한 재성(재물)과 상관(생각과 사고)성의 성격이 이름에서 발현된 탓이라 본다.
　무엇보다 후천운의 성에서 역마성 5.7.9가 발현되다보니 형제한테 돈을 빌려 타지로 나가 연하남을 만났다. 여성의 이름에서 5.6이 7.8을 생하는 수리배합이 많으면 남자로 인해 돈을 벌거나 남성을 상대로 영업을 할 경우 그에 따른 도움을 받게 된다. 그래선지 그녀 또한 연하남과 노래방을 운영하였는데 생각보다 영업이 잘되어 제법 많은 돈을 벌었다. 앞서도 잠깐 언급했지만 이름에서 5.6의 수리가 많으면 재물에 대한 욕구가 강하다. 그녀 또한 모아둔 돈으로 더 큰 확장을 결심하고 연하남과 주점을 차리기로 합의 하였다. 그런데 문제는 그녀와 함께 생활하던 가장 아끼던 동생이 그만 선은희의 연하남과 눈이 맞아 둘이 연애 중인 것을 모르고 모든 재정 관리를 그 남자한테 맡겼다.

사업 확장에 따른 억대의 잔금을 치르기로 한 그 날짜에 연하남이 잔금을 치르지 않아 그로인한 다툼과 분쟁과 갈등이 많았다. 결국엔 그 분을 참지 못해 그녀는 극단적인 선택을 하였다. 그녀가 자살을 결심한 기해년, 기사월, 기유일에 연하남과의 수없이 많은 전화 통화 기록만을 남긴 채 그녀는 세상과 하직하고 말았다. 지금은 고인이 되어 정수장(화장터)에서 한줌에 재가 되어 부모님이 계신 납골당으로 안치 되었다.

이십 여년 동안, 형제들과 소식도 없이 지내다가 차디찬 시신이 되어 가족한테 연락이 왔으니 참으로 안타까운 일이 아닐 수 없다.

이름을 감정 하다보면 상생으로 이름이 무난할 것 같아도 세운이나 월운 일 운도 같이 보면 깜짝 놀랄 때가 한두 번이 아니다. 어찌 보면 '선은희'의 이름에서 4.7에 의해 배우자 덕은 없으나 재성(재물)의 수리는 그리 나쁘지 않다. 그렇더라도 이와 같이 4.7의 흉한 수리가 있으면 세운에서 이를 합세하는 기운이 강하면 선은희와 같은 흉변이 예고된다.

그동안 많은 사람들이 띠 삼재(三災)를 두려워하거나 걱정하지만 그래도 이름 원명이 좋으면 무탈하고 조심하면 그런대로 넘어간다. 그러나 이름 배합이 나쁜 상태에서 삼재가 오면 간혹 큰 재앙을 당하는 사람들을 종종 보게 된다.

또한 이름에 복음이 되거나 3.4가 7.8을 극하거나 9.0이 3.4를 극하면 이성으로 인한 구설과 재물의 손재로 극단적인 선택을 하는 경우를 본다. 3은 생각과 사고를 나타내는데 이를 인성 9가 극하면 구설로 인한 분탈이 생길 수밖에 없다. 따라서 복음이 많을 때, 어떻게 보면 띠 삼재보다 복음이 내 개인적인 생각에는 더 염려스럽게 느껴진다.

병마와 싸우고 있는 그녀를 보면

921 971 953.
윤 인 옥
365. 315. 397.

56년 병신(丙申)생인 윤인옥은 성에서 9.2.1 이다. 무엇보다 성에 편인 9가 비겁 2.1을 생해 비겁이 왕성하면 형제나 동료로 인한 재물로 인한 분탈이 생길 소지가 많다. 아울러 성격을 나타내는 중심수가 9인 경우는 논리적이고 합리적인 성격의 소유자다. 따라서 이름 첫 자에 9.7.1은 자기주장이 매우 강하다. 이름에 7.1은 숨은 재성으로 절약가적인 기질로 재물에 대한 집착이 강하다.

성에서의 3.6.5는 돈에 대한 욕구가 강하나 탐욕이 발동하면 이름 첫 자, 지지 명운의 1.5에 의해 파재가 예고된다. 성에 관성(남편) 7.8이 없다보니 이십대 초에 결혼하고 백일도 채 되지 않은 딸만 남긴 채 남편이 교통사고로 사망을 하였다. 사고보상금으로 변두리에 조그마한 집 한 채를 구입하였다.

　윤인옥과는 꽤 오랜 전부터 알고 지낸 지인이라 당시에 주변에서 돈을 빌려달라는 사람이 있을 것이니 절대 빌려주지 말라고 신신당부했다. 그러면서 여유 자금이 있으면 차라리 부동산에 묻어 두라고 일러주었다. 그렇게 신신당부 하였건만 시동생이 결혼하고 나서 돈을 빌려 달라고 한 모양이었다. 그녀도 왠지 미심쩍은 부분이 있어 나에게 상담을 의뢰했지만 지지에서 발현되는 1.5의 흉한 기운 탓인지 빌려주지 말라고 그렇게 극구 말렸건만 결국 빌려주고 말았다.

　이와 같이 성에서 발견되는 중첩된 2.1과 이름에서 나타나는 1.5에 의해 돈을 빌려 주고 결국엔 한 푼도 받지 못했다. 그 덕에 야쿠르트 배달을 하면서 딸과 함께 모진 고생을 했다. 따라서 성에서 비겁이 강하고 이름에서 재물을 극하는 1.5가 있으면 내 재물이 분탈 될 수밖에 없다.

　중심주파수 9인 경우는 맏이 노릇을 하기 마련인데 아무리 논리적이고 합리적인 성품이라 하더라도 1.2가 중첩되면 내 것 주고 제대로 말도 못하는 성정이다. 그로인해 온갖 고생을 다하였으니, 편인이란 9의 수리는 그래서 어찌보면 고생의 수라고 판단할 수 있다.

　윤인옥은 육십 평생을 바쁘고도 모질게 고생하며 살아 왔지만 결과는 참혹한 현실뿐이다. 그동안 야쿠르트 배달로 억척같이 돈을 모아 하숙으로 좀 더 나은 하숙이나 치르면서 살겠다고 큰 평수의 아파트로 이사했지만 그 행복도 잠시였다. 입주와 동시에 I.M.F로 인해 융자받아 산 아파트에 대출 이자가 감당이 되지 않아 아파트를 세를 주었다. 그리고 또 다시 우유배달로 목돈을 마련하여 다시 아파트로 들어가 살았다. 그런데 이번에 좀 살만하다 했더니 하나밖에 없는 딸이 다단계에 빠져 많은 빚을 지었다.

그로인해 아파트를 팔아 딸아이의 빚을 갚고 보니 오갈 데가 없었다. 궁여지책으로 나이트클럽의 주방 일을 보면서 차디찬 통로에 매트하나 깔고 거기서 잠을 자며 지냈다. 그리고 얼마 지나지 않아 혼자 사는 남성과 재혼한다는 소식을 알려왔다.

그동안 힘들게 고생하고 살아왔지만 그래도 남편을 만나 가정을 꾸리고 시골에서 전원생활로 마음이 편해 그런지 목소리가 밝고 환했다. 그런 그녀의 안정적인 모습이 보기 좋아 나 역시 좋았지만 그것도 얼마 가지 못해 건강 검진을 받던 중 폐암이란 걸 알게 되었다. 견디기 힘든 항암치료로 지금 병마와 싸우고 있는 그녀의 삶의 무게가 너무나 힘들고 고통스럽게 다가왔다. 그래서 그녀만 생각하면 마음이 매우 아팠다. 나이트클럽의 담배 연기 자욱한 차디찬 바닥에서 몇 년을 지내고 살았으니 폐암이 생긴 것이 어쩌면 당연한 일인지도 모른다.

이와 같이 이름의 후천운의 수리가 재성 5가 비견 1에 파괴되니 금전이 남아 있기 어렵고. 9.3의 배합에서 인성 9가 식상(자식) 3을 극하니 하나밖에 없는 딸조차도 지금까지 계속해 떠돌아다녀 모친의 애간장을 태우고 있다.

그동안 참으로 안타깝게 굴곡진 삶을 살아 왔건만 바로 얼마 전, 전화 통화에서 '이제는 더 이상의 약이 없다'며 체념에 가까운 소식을 전했다. 그동안 모진 풍파로 고생만 하고 살아온 윤인옥의 시한부 인생이 같은 여자로서 그녀의 인생 여정이 너무나 마음 아프게 다가오고 있다.

· 연락처 ; 010-4005-3385
· 이메일 ; mkmk8078@naver.com
· 사이트 ; http://대전다지음.com

해례본과 운해본의 오행이 다르다?

　세월은 참으로 유수와 같다는 생각이 든다.
　기독교인이면서 역학에 관심이 많다보니 호기심 삼아 배우기 시작한 세월이 벌써 이십년을 훌쩍 넘었다. 그런데 깊이 있게 파고들면 들수록 우주자연의 순환이치에 그저 순응하며 살 수 밖에 없는 인간의 한계를 느끼게 했다. 그러다 보니 우리가 세상에 태어난 것 자체가 이미 하늘의 뜻인데, 내 세 치 혀로 남의 운명을 좌지우지 하는 것이 무슨 의미가 있을까! 차츰 그런 생각이 들기 시작했다. 그럴 즈음 앞서도 잠깐 언급했지만 대구 某 성명학회서 날라 온 한 통의 우편이, 나의 이런 마음을 종식시키면서 다시금 다지음 학회를 일어 세우게끔 부추겼다.
　2004년 '부자사주. 거지팔자' 책에 파동성명에 관련된 상담사례를 실었다. 그랬더니 그 책을 읽은 독자들이 이름에 대해 문의 상담이 쇄도 했다. 막상 하루에도 수십 명씩을 상담하다 보니 의외로 30-40%가 이름의 주인공과 일치하지 않은 것을 발견했다. 그 때 모음이 빠진 자음파동의 모순점을 깨닫기 시작했다. 지성이면 감천이라고 모음의 오행을 알게 된 이후론 다른 학문은 뒷전이고 오로지 성명학 연구에만 몰두했다. 평소 이름의 중요성을 누구보다 절실하게 깨닫고 있다 보니, 구성성명학에 대한 나의 행보가 바빠질 수밖에 없었다.

막상 성명학을 심도 있게 연구하고 보니 파동성명의 근원이 어디서 나왔는지가 궁금했다. 분명 자음 파동에선 육친을 대입해 운명을 유추하는 것은 맞는데, 정작 육친에 대한 이론은 수박 겉 핥기식이라 기초수준에 불과했다. 그러니 30-40% 이상 틀리는 것은 당연지사. 그래서 이 부분을 어떻게 해결할 것인가? 늘 머릿속에 그 생각뿐이었다. 그야말로 수없이 생각을 떠올려보아도 특별한 묘안이 떠오르지 않았다. 그러던 중, 사주 푸는 방식을 그대로 성명학에 대입해 그 원리를 응용해 보면 어떨까? 거기에 생각이 미치자, 그 때부터 이름을 하나하나 임상을 통해 검증해 나가기 시작했다. 그랬더니 너무나 짜릿하게 잘 맞았다. 그때가 2005년경이었다. 이렇게 무섭도록 잘 맞는 구성성명학 이론을 많은 사람들한테 알려야겠다는 생각이 들었다. 그래서 성명학 이론서를 준비했는데, 그 과정에서 한글의 우수성을 피력했다.

우리 한글은 모든 소리를 문자화 할 수 있는 위대한 소리글자다. 또한 성명(姓名)의 근원도 알고 보면 저녁 석(夕)에 입 구(口)자 명(名)이다. '예지연파동. 한글성명학'의 상표특허권이 있지만, 혹여 기존의 자음파동과 혼동을 일으킬 염려가 있어 차별화를 두기 위해 지금은 '파동' 대신 '구성(口聲)'으로 호칭을 달리했다.

어쨌든 이론서를 준비하다보니 그 과정에서 한글의 제자원리와 탄생 배경을 모르고는 한글성명학의 원리를 제대로 인식시킬 수가 없었다. 그래서 훈민정음 해례본을 탐독했다. 그런데 막상 해례본에는 ㅇ.ㅎ는 水요, ㅁㅍㅂ는 土로 기존의 학설과 반대로 표기 되어 있었다. 유난히 학문에 의심이 많았던 나는 임상보다 더 정확한 것은 없다고 판단했다. 그래서 그 때부터 두 개의 오행을 갖고 꼬박 일 년을 집중적으로 다시 연구하기 시작했다. 그랬더니 기존의 방식 그대로 ㅇㅎ는 土요, ㅁㅍㅂ가 水가 맞았다. 그러한 검증 과정을 다 거치고 나서 2008년 〈성공하는 이름. 흥하는 상호〉 책을 출간했다.

해례본을 읽어본 사람 중에 ㅇ.ㅎ과 ㅁ.ㅂ.ㅍ를 지적해 틀리지 않느냐고 묻는 이들이 간혹 있지만 단언컨대 ㅇ.ㅎ는 土요, ㅁ.ㅍ.ㅂ가 水가 맞는 이론임이 확실하다. 역은 늘 변화한다. 그래선지 1976년 신경준이 쓴 운해본에 ㅇ.ㅎ는 土요, ㅁ.ㅍ.ㅂ가 水로 기재되어 있다. 어쨌든 그에 앞서 내가 임상을 통해 하나하나 확인 과정을 거쳐 정립한 것이기에 확신을 장담한다.

한글은 입모양을 본 따 만든 세계 유일 무일한 소리글자다. 그래선지 입(口)을 통해 이름이 불러지는 소리(聲)에 의해 사람들의 운명을 정확하게 유추해 내는 구성성명학의 관심도가 갈수록 높아지고 있다. 2012년 초에 출간한 '이름이 성공을 좌우한다' 책에 외국인 이름을 풀이해 놓았지만, 동. 서양을 막론하고 이름만으로 운명을 정확하게 예측하는 학문은 한글구성성명학 밖에 없다고 확신한다.

무엇보다 사람의 발음기관에서 나는 소리 즉 입을 통해 소리가 나오기 때문에 이름과 운명은 서로 밀접한 관계가 있다. 즉 '너 망해라. 망해라' 하면 망하고, '잘된다. 잘된다' 하면 반드시 성공이 보장된다. 막상 구성(口聲)성명학을 완성하고 보니, 이처럼 불러주는 소리(파동)에 의해 운명이 결정되는 이름의 중요성을 누구보다 절실히 깨닫게 되었다.

안타까운 사실은 나한테 배운 몇몇의 제자가 훈민정음 해례본을 들먹이며, ㅇ.ㅎ은 水요, ㅁ.ㅂ.ㅍ가 土로 되어 있다며 그렇게 가르치고 있다. 이런 겁 없는 행동이야말로 선무당이 사람을 잡는 짓이라 할 수 있다.

  따라서 검증되지 않은 왜곡된 이론을 갖고 해례본 운운하며 남의 운명을 그르치는 행위가 바로 위험한 일임을 명심해야 한다. 부디 스스로들 자각했음 하는 마음이다.

이름에 대한 믿음이

설경준(부산강서지사)

중년이라 하기엔 좀 젊어 보이는 김허신이란 남성이 상담을 의뢰했다. 75년 을묘(乙卯)생들의 이름은 천간과 지지가 똑같다. 따라서 이런 이름들은 이름이 좋으면 두 배로 좋고 흉하면 두 배로 흉하다. 그래서 이름을 풀이 해보니 그야말로 흉한 배합으로만 이루어진 이름이었다. 우선 성에서 재물과 처를 나타내는 5.6을 1.2가 극하면 처와 인연이 없고 재물 운도 박하다. 그런데다 이름 중심에 직업을 나타내는 관성 7.8이 중첩되어 있으면 직업에도 많은 변동수가 따르지만 7.8은 나를 극하는 기운이 강해 매사 의욕과 자심감이 없고 건강에도 이상이 따른다.

그래선지 그는 아직까지 부부 관계는 유지하고 있으나 부인과 정이 돈독하지 못해 늘 갈등을 느끼고 있다. 그런데다 이런 저런 여러 가지 사업을 시도했다 매번 실패로 끝나자 지금은 그로인해 주변사람들과의 관계도 좋지 못하다.

어느 가정이든 다 마찬가지겠지만 사업을 하다 실패하게 되면 제일 먼저 가족간의 불화가 따르고 금전의 어려움으로 인해 부인과의 다툼이 일상화가 된다.

그래서 지금은 돈으로 인한 고통을 심하게 겪어 자포자기의 심정이지만 혹여라도 개명을 통해 다시 복귀할 수 있다면 좋은 이름으로 새 인생을 찾고 싶다고 자신의 심정을 토로했다.

그의 답답하고 안타까운 심정을 잘 알고 있던 터라 심혈을 기울여 재물이 융성한 이름으로 좋은 이름을 지어 주었다. 성에서 2.6에 의해 파재가 있는 불길한 기운을 이름 첫 자에 6.0.0으로 금전의 윤택함과 함께 이름 끝 자에서 7.4.8로 직업적인 면이나 명예적인 면에서 향상되게 수리배합을 넣어주었다.

특히 이름 첫 자에서 재성(재물과 처덕) 6을 넣어 재물의 융성함은 물론 처와의 관계도 화목하게 될 수 있고 이로 인해 문서 운까지 회복시켜 주므로 문서적인 측면도 점점 좋아지는 현상이다. 또한 중첩된 관성 7.8을 지혜와 재능을 나타내는 상관 4가 억제시켜 주어 그동안 잃었던 신용이나 사회적인 신뢰도 회복되고 영업적인 면에서 자기의 기량을 백프로 발휘하게 된다.

이와 같이 배합이 좋은 이름 때문인지 몰라도 그도 개명한 이름에 대한 믿음을 갖고 용기를 내기 시작했다. 다시 자그마하게 시작한 사업이 차츰 좋아지기 시작하자 생활에 활력이 생기고 자신감도 넘쳤다. 자신의 변화된 모습에서 이름의 중요성을 인지하고 이번에는 학교생활에 적응하지 못하는 딸아이의 이름에 문제점을 느끼고 개명을 의뢰했다. 그랬더니 딸 아이 역시도 이름을 바꾼 후에 갈등을 느꼈던 학교생활에 적응을 잘하고 성격도 개명 전보다 훨씬 밝게 변했다.

무엇보다 이름 덕분에 만사가 좋아졌다고 감사의 인사를 전하는 그를 보자 나 또한 기분이 덩달아 좋아졌다. 좋은 이름을 지어주어 고맙다는 인사를 받을 때 다지음의 지사장으로서 그 때가 가장 보람 있다. 아울러 누구나 느끼는 감정이겠지만 이름 덕에 잘 살고 있다는 감사의 인사를 받기에 앞서 그들로부터 이름에 대한 믿음과 확신을 가졌다는 얘기를 들을 때가 더 감동적이다. 이는 그야말로 한글구성성명학에서만 느낄 수 있는 감동이고 기쁨이기에 자신하고 얘기할 수 있다.

- 연락처 ; 010-5620-8631
- 이메일 ; namemadeok@naver.com

남의 귀한 자식의 이름을…!

바로 얼마 전의 일이다. 파동성명의 원조라 일컫는 대구 모 업체에서 딸아이 이름을 개명한 여사님이 있었다. 그런데 왠지 믿음이 가지 않아 몇날 며칠을 고민하다 개명한 이름에 대해 자문을 구하기 위해 사무실을 방문했다.

"91년생 딸아이 개명한 '수비', '지수', '새봄'이란 이름 어때요?"

하고 묻는 순간, "거기서 지은 것 맞아요?" 하고 되물었다.

그랬더니 작명증서를 내보이며 맞다고 고개를 끄덕였다. 아무리 생각해도 도저히 납득이 가지 않는 이름이라 무슨 생각에서 그런 이름을 지었는지 도무지 이해되지 않았다. 다시 말해 모음을 배제한 자음만으로 지었다하더라도 용서할 수 없는 작명이다. 중심주파수 1과 2는 재물을 파괴시키는 흉신으로 자음파동에서도 기피하는 수리 중에 하나다. 그런데 세 개의 이름 모두가 하나같이 중심주파수 1.2인데다 9.0으로만 이루어진 흉한 배합이었다. 그야말로 재물(5.6)과 남편(7.8)과 자식(3.4)이 없는 이름이라 어디에도 5.6과 7.8과 3.4의 수리는 눈을 씻고 봐도 없었다. 거기에 모음이 들어가면 더욱 흉조를 띠는 이름이 되어, 그래서 그들은 과연 무슨 생각으로 남의 귀한 자식의 이름을 이렇듯 함부로 지었을까, 순간 나도 모르게 화가 났다.

　그런데 안타까운 사실은 앞서도 언급했듯이, 某프로에서 그 때도 연예인 이름을 잘못지어 그걸 보는 순간 가슴이 철렁했던데, 그런데 지금까지 반복되는 그릇된 현상을 보고 있자니 분개심이 일었다. 누구보다 작명업자들은 남의 이름을 잘못 짓게 되면 그 당사자의 운명을 그르치게 된다는 사실을 각성해야 한다. 잘못 지어진 이름 때문에 불행한 인생을 살아간다면 이는 누구의 책임이고 누구의 잘못인가! 바로 이름을 잘못 지어준 작명가의 책임이고, 올바른 학설을 제대로 배우려 들지 않고 이름을 지어준 모든 사람들의 책임이다. 우리가 잘못을 했을 때, 모르고 하는 것과, 알고 하는 것의 차이점은 매우 크다. 그러기 때문에 그 누구보다도 현 업에 종사하고 있는 작명가들이야말로 한글구성성명학의 원리를 제대로 배우고 이를 실천해야 한다, 다행인지 불행인지 모르나 어제 우연찮게 파동성명의 원조임을 자처한 대구 모 업체의 포털사이트 검색란에 '자음. 모음 등 모든 성명학집대성'이란 문구를 보고 혼자 실소했다. 파동성명은 그들이 원조임은 틀림없으나 모음을 외면한 성명학이기에 모순점 투성인 파동성명이다.

　어쨌든 그들도 포털 검색란에 자음. 모음의 파동성명 임을 나타낸 걸 보면, 필자가 연구개발한 한글구성성명학이 두렵긴 두려웠던 모양이다. 아무리 그래도 그렇지, 남의 학설을 도용하거나 남용하려면 최소한 그 학설을 연구한 주인한테 허락을 받고 하던가, 아님 제대로 배우고 해야 하는 것이 아닐까?

　파동성명의 원조임을 그들이 아무리 강조해도 이제는 고객의 수준이 높다보니 우리학회가 존재하는 한, 자음만으론 고객을 유치하기 어렵다고 판단한 모양이다. 그러나 그 행위가 고객을 유치하기 위한 눈속임이라면 이거야말로 기만행위다.

어쨌든 요즘들어 우리학회가 많은 사람들한테 회자되어선지 자음파동으로 개명한 사람들의 상담이 부쩍 늘고 있다. 파동성명이란 말에 솔깃해 이름을 짓긴 지었는데, 앞서의 여사님처럼 과연 자음만으로 소리(파동)가 날까(?) 하는 의구심을 갖기 때문이다. 그러다보니 일부 지각이 있는 사람들은 이와 같은 의문점을 갖고 필자한테 상담을 종종 의뢰한다는 사실이다.

또한 가장 최근에 알게 된 사실이다. 작명가로 꽤 소문이 난 사람인거 같다.

유명연예인의 자식들 이름을 그 사람한테 지은 것을 보면 대충 짐작은 가는 사람이다. 그 작명가한테 지었다는 某 가수의 딸 이름을 풀이해 보니 그야말로 그 아이의 앞날이 걱정 되었다. 태어난 년도가 천간과 지지가 같은 해에 태어나다보니 이름이 흉하면 두 배로 흉하고, 좋으면 두 배로 좋게 나타난다.

그런데 그 아이의 성에 3.7은 우선 남편 덕과 직업 운이 없는데다, 이름 첫 자에서 조차 재물을 극하는 1.5로 있는데다 이름 끝자에 또 다시 재물을 아래위로 극하는 2.6.1이 있다. 이렇게 되면 어려서는 부모와 인연이 없고 성장해서는 재물과 인연이 없다. 이 아이의 엄마가 워낙 유명연예인이다 보니 나이와 이름을 인터넷서 검색해 풀이해 보았다. 그랬더니 그녀 역시 성에서 남편을 극하는 7.3의 수리가 천간 지지에 있는데다 남편을 극하는 식상 3.3의 기운이 이름 전체에 반복적으로 나타나 부부 이별수가 예견되는 이름이었다.

따라서 딸아이의 이름에서 부모덕이 없음을 충분히 엿볼 수 있어 그 유명연예인 부부의 앞날이 갑자기 궁금해졌다. 다지음의 구성성명학은 아이의 이름에서 부모 덕을 유추할 수 있고 또한 부모 이름에서 아이의 향방도 얼마든지 엿볼 수 있다. 그만큼 이름대로 살아가는 것을 많이 보아 왔기에 그 아이의 이름을 통해 그 부모의 이혼 확률을 충분히 엿볼 수 있다. 향후 그 추이를 지켜볼 요량이다.

대부분의 사람들이 한글구성성명학을 모르다 보니 이름의 중요성을 그다지 인식하지 못하고 산다. 그래서 그것이 가장 안타깝게 느껴진다.

아모르파티가 바로 개명임을

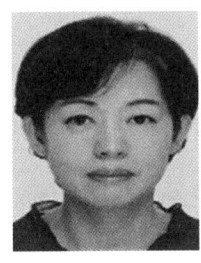
공연주(경기파주지사)

  국민 40명 중 1명이 개명을 하는 시대가 되었다. 어느 시인의 말처럼 피할 수 없는 것이 아니라 피할 수 있는 것을 피하지 않음이 운명이라는 말을 다지음 한글 구성성명학회를 통해 귀한 배움을 얻으면서 절실히 느끼고 깨달았다.
  그야말로 화장기 없는 말간 얼굴로도 빛이 나던 시절이 있었다. 그때는 알지 못할 미래에 대한 두려움보다는 원한다면 세상의 그 어떤 것도 가질 수 있다는 자신감이 팽배하던 시절이었다. 사방의 꽃들은 지천으로 피었고 바람은 언제나 향기로웠다. 활기가 넘쳐나는 너무도 젊었던 그 시절에는 '운명이여! 오라, 내가 간다.' 도무지 겁 없던 그때에는 영혼에 상처 따윈 내게 문제되지 않는다고 큰 소리 치던 시절이었다.
  누구나 노래 가사처럼 울고 웃으면서 살아가겠지만 내게 있어서의 인생은 사랑 그 자체가 바로 운명이었다. 사실 젊은 시절에는 누구에게나 다 있었을 테지만 내게도 예외는 아니었다.
  사람이 쏘아올린 인공위성이 지금도 지구 둘레를 공전하며 돌고 있을 텐데 그럼에도 사람들은 자신의 운명이 궁금하면 과학이 눈부시게 발달한 지금에도 그 궁금증을 어쩌지 못해 운명상담소를 찾는다.

아주 오래 전 학창시절, 미아리 고개를 지나가다보면 처녀도사, 계룡산철학관, 글문 도사, 동자점집, 장군할아버지, 백중선생, 쌀점, 육효점 등등, 셀 수도 없이 많은 점집들이 모여 있는 곳을 지나 학교를 다녔다.

그때 이미 인생이 그렇게 녹녹치만은 않다는 것을 알았던 것 같다.

친정 나들이를 할 때면 아직도 학교 다니던 그 길들에 건재한 점집들이 있는 것을 보면 참으로 많은 생각들이 교차한다. 남들도 나와 같다는 생각을 즐비한 점집 간판에서 느끼게 되자, 왠지 그 간판들이 나를 향해 비웃는 듯해 맘이 시릴 때가 더러 있었다.

정말 열심히 노력했고 최선을 다해 살았는데 왜 이리 힘겹고 어려운가? 그런 생각들이 들라치면 문득 나의 선택이나 의지와는 무관하게 멋대로 돌아가는 운명에 대해 곱씹어 보게 된다.

그래서 아주 잠깐이지만 사주팔자란 게 존재하는 것인지 그걸 확실하게 알고 싶어 잠시 기웃거린 적도 있었지만 이제는 자신 있게 답할 수가 있다.

'운명은 분명 존재하지만 그 운명대로 살지 않을 수 있는, 아니 바꿀 수 있는 방법이 있다.' 이것을 깨닫는데 이십 여년의 세월이 필요했다.

그때 진즉 구성성명학회를 좀 더 빨리 이해했더라면, 지금의 내 삶보다는 훨씬 탄력 있고 윤택한 생활이 되지 않았을까? 하는 생각이 든다. 그야말로 근래 들어 구성성명학을 배우면 배울수록 그러한 확신이 든다.

한 때 장안을 흔들었던 아모르 파티(Amor Fati)의 가요는 니체가 말했듯이, 자신의 삶에 일어나는 고난과 어려움까지도 받아들이는 적극적인 방식의 삶의 태도를 가지라는 거다. 즉 부정적인 것을 긍정적인 가치로 전환하여 살라는 그야말로 다지음학회의 전략과 너무나 맞아 떨어지는 자기운명에 대한 사랑애(愛)다.

자신의 삶을 긍정적으로 받아들이고 그에 따른 처방으로 좋은 이름을 갖는 것이 바로 아모르파티와 일치하는 부분이다. 이는 자기의 운명을 사랑하는 자들만이 좋은 이름으로 개명 한다는 뜻이기도 하다.

그러기에 구성성명학을 배우면서 그리고 그 귀한 배움의 깨달음을 알고 나서 지금까지 선생님의 말씀이 늘 머리에서 떠나지 않고 있다.

'우리가 하늘에서 내리는 눈과 비는 거역할 수는 없지만 그 눈과 비를 피할 수 있는 방법은 미리 우산은 준비하는 것'이라고, 아주 오래전에 들은 얘기지만 지금도 그 말이 뇌리에서 맴돌고 있다.

언젠가 한번 들었던 얘기인데 불현듯 떠올라 두서없이 적을까 한다.

TV 뉴스 시간 말미에 늘 나오던 기상예보의 그 유명한 통보관 이야기다. 그분 자제가 지인과 같은 학교에 다녔고 동네도 같은데 살았다. 아침 등교 길에 그 친구가 우산을 들고 나온 날이면 어김없이 비가 왔다. 처음엔 설마 했던 지인도 그 친구를 따라 우산을 챙긴 바람에 덕분에 비를 맞지 않을 수 있었다는 얘기다.

어쩌면 이름도 이와 같다고 본다. 내 운명의 비가 내린다면 우산을 준비하듯 좋은 이름으로 개명하면 얼마든지 피할 수 있다.

몇 년 전, 유명한 작명원에서 이름을 짓고 개명신고까지 끝마쳤다. 그런데 그 이후로 너무도 험난한 일들을 당하다보니 개명에 대한 두려움이 생겼다.

남의 이름을 함부로 짓는다는 게 얼마나 큰 죄악인지 내 경우를 미루어 짐작하면 아마 모두가 이해 될 거다. 잘못된 개명 자체가 바로 죄 짓는 일이기에 한글구성성명으로 올바른 이름을 지어주어야겠다는 생각에서 다지음학회의 일원이 되었다. 그리고 지금은 법이 허용하는 마지막 두 번째 개명신고를 하고 열심히 살아가고 있다. 운명을 좌우하는 보이지 않는 힘의 실체를 지금은 개명한 나의 이름을 통해 모두에게 증명해 보일 참이다. 그러기 위해서는 더욱 열심히 공부하고 더욱 간절한 마음으로 아모르파티를 흥얼거리며 살 계획이다.

· 연락처 ; 010-2895-1269
· 이메일 ; bluesea328@naver.com

공부 잘하는 이름은 따로 있다

　이름에 학문을 극하면 아무리 좋은 머리를 타고 났더라도 책상 앞에 앉으면 잡념이 떠오르거나 책을 봐도 공부가 집중이 안된다. 그 이유가 바로 이름 속에 있다는 사실이다. 실질적으로 많은 자녀들 이름을 상담을 통해 보면 대개의 경우 5.6이 많은 이름들이 학문과 인연이 없다. 거기에 중첩된 5.6이 학문성인 9.0을 극하면 공부 안하게 된다. 또한 학문성인 9.0이 많아도 공부 안한다. 유일하게 9.0이 나를 생해주는 수호신인데 9.0이 너무 많아도 누군가 해주겠거니 하므로 게으르다. 게으른 사람은 절대 공부하지 못한다. 그러기 때문에 이것저것 공부한다고 기웃거리지만 결국 어느 것 하나 제대로 된 전공과목이 없게 된다.
　그렇다면 어떤 이름들이 공부 잘하는가!
　사람이 병들면 좋은 약을 복용해 치료하면 낫듯이, 이름도 마찬가지다. 병을 제거하는 수리가 있으면 좋아지게 된다. 그렇기 때문에 9.0이 많아 공부 안한다면 그러한 9.0을 극하는 치료사인 5.6이 넣어주면 공부하게 된다.

• 공부 안하는 이름

김진서〈94년 甲戌생〉
153 659 57
 김   진   서
597 093 31

학문성인 9를 5.6이 위아래서 극하면 성에서 5.3에 의해 좋은 머리를 타고 났더라도 공부를 안하게 된다.

유두남〈95년 乙亥생〉
70 99 913
 유   두   남
58 77 791

학문성인 9.0이 많으면 나를 생해주는 수성(水星)이 많다보니 성격이 게으르고 이 공부 저 공부 해보지만 어느 것도 완성된 학문이 없게 된다.

• 공부 잘하는 이름

박인태〈95년 乙亥생〉
322 860 98
 박   인   태
299 537 85

학문성인 9.0이 많으면 게을러 공부 안하게 되나 이러한 병이 되는 9.0을 극제 시켜주는 5.6이 있으면 즉 치료사가 있으면 반대로 공부하게 된다.

이름 때문에 운명이 다른 쌍둥이

　사람은 누구나 이름을 갖고 사는데 이 이름이야말로 자기를 대표하는 운명의 비밀이 담겨 있다. 그런데 사람들은 자신한테 갖고 있는 이름의 영기를 제대로 활용할 줄 몰라 불행한 삶을 산다. 이름에 무슨 운세가 작용하겠냐(?)고 가볍게 여기는 사람들이 있겠지만 이거야 말로 잘못된 생각이다. 우리 인간에게 있어, 타고난 사주팔자와 더불어 운명에 강력한 작용을 하고 있는 것이 있다면, 그것은 늘 사람들이 불러주는 이름에 있다. 현대는 자기만 똑똑하고 노력하면 얼마든지 부(富)를 누리거나 성공할 수 있다고 생각하지만 실상은 그렇지 않다. 아무리 부지런해도 또한 두뇌가 뛰어나게 명석해도 여의치 못한 것이 삶이다.
　그렇다면 쌍둥이야말로 사주가 같은데 삶이 다른 이유가 뭘까? 이는 이름의 영향 때문이다. 따라서 모든 사람에게는 눈에 보이지 않는 영기(靈氣: 텔레파시)가 있는데 그 영기를 바르게 활용하지 못해 불행의 길로 가고 있는가 하면, 행복에의 길로 가고 있다. 그러니 이 얼마나 안타까운 일인가. 따라서 쌍둥이는 결혼

전엔 대부분 비슷하게 살아가나, 결혼하고 나면 배우자에 의해
변화되는 것도 어느만큼 참작해야 한다.

조준하 / 조승하 (1954년생)

63 699 81	63 567 81
조 준 하	조 승 하
76 722 94	76 870 03

조준하는 재물이 있고 명예가 있는 반면에 조승하는 재물도 없
고 직장도 한군데 정착하지 못하고 이곳저곳 여러번 바뀌게 된
다.

강주희 / 강승희 (1983년생)

006 38 53	006 436 53
강 주 희	강 승 희
995 47 64	995 345 64

'강주희'의 이름이나 '강승희'의 이름에서 보면 공통적인 것은,
'강주희'는 남편(7)을 4가 극하고 있어 배우자 덕이 없고,
'강승희'는 이름 자체에 배우자(7.8)가 아예 없다.
 두 이름 모두 중심운(이름의 첫글자의 자음)에 재능(3.4)을 나
타내고 있는 것이 특징이고, 이름 끝자에서도 '희' 6.4가 타고난
끼로 인한 재물(5.6)을 상생하고 있어 연예인 이름으로 매우 적
합함을 알 수 있다.

고정숙 / 고재숙 (1955년생)

24 588 602   24 58 602

```
  고  정  숙              고  재  숙
  68 922 046             68  92 046
```

'고정숙'의 이름이나 '고재숙'의 이름은, 중심운에 5는 활동성인 역마성으로 재물적인 우세가 왕성하다. 비교적 이 두 쌍둥이의 이름은 재물적인 면에선 좋은 편이나, '숙'자에서 0.4는 여성의 이름에서 불길하다. 자식으로 인한 애로사항이나 자궁에 이상이 생길 수 있다.

'재숙'에 비해 '정숙'은 8.8이 중첩되어 있는데다, 0.4가 있으면 남편 외적인 정부(情夫)를 두게 된다. '정숙'은 실질적으로 결혼을 두 번 하게 되거나, 그렇지 않음 외정을 두게 된다. 즉 남편과의 관계가 원만하지 않음을 나타낸다. 그렇지만 '재숙'은 남편을 극하는 수리가 없다. 이럴 경우 0.4에 의해 외정을 둘 수는 있지만 남편과 헤어진다고 볼 수 없다. 따라서 쌍둥이라 하더라도 정숙은 남편과 이별을 예고하나, 재숙은 그렇지 않다보니 이름에 의해 결혼 후, 삶의 양상이 이렇듯 달라진다.

개명을 의뢰한 마음을 알기에

오윤채(경기김포지사)

 2016년 동대문 디오트 옷 도매상인이 찾아왔다. 옷가게 상호를 의뢰하면서 사람들이 많이 다니는 곳이 아니라 걱정이 된다고 했다. 그래서 '아름다움이 모여 있는 곳'이란 뜻에서 '미유'라는 상호를 지어 주었다. '미(美)'는 '아름답다'라는 뜻의 한자지만 일본어로는 '보다(보인다),' 또 중국어로는 '가까운 친구'라는 뜻으로 스토리텔링을 가미하여 그렇게 상호를 지어주었다.
 그리고 6개월 정도 지났을까? 외진 곳인데도 의외로 영업이 잘 된다면서 감사하다는 인사와 함께 아들의 이름과 그동안 알고지낸 아는 사람의 이름까지 지어달라고 의뢰했다. 특히 부인과 이혼하고 혼자 살고 있는 그 사람한테 좋은 이름을 선물하고 싶다고 말하는 의뢰자의 마음을 간파했기에 처복이 있는 '정병규'란 이름으로 지어 주었다

677 427 10
정 병 규
011 861 54

    64년생인 정병규의 이름은 성이 6.7.7 과 0.1.1로 중첩된 7.7 과 1.1를 통해 총제적인 운세를 살펴볼 때 직업 운이 없고 재물과 처덕이 없다. 성은 평생을 통해 운기가 작용하는 것으로 사주와 같다고 보면 된다. 본명인 이름은 성의 흉한 기운을 잡아주지 못해 부인과 이혼하고 외롭게 살아가게 되지만 이러한 흉한 기운을 이름 첫 자에서 극제해 주면 흉(凶)이 길(吉)로 전환된다.

    따라서 '병규'란 이름은 성의 흉한 기운을 이름 첫 자인 상관 4가 이를 극제하고 또한 재물과 처덕이 융성한 배합의 6.1.5와 2.7.1의 작용으로 금전과 배우자 운에 좋은 영향을 미친다.

    이 사람은 중소기업에 근무하는 엔지니어로 착실하게 살아가는 직장인이라 했다. 무엇보다 이 이름으로 개명하고 난 후 곧바로 현모양처와 재혼을 했다고 한다. 그런데 문제는 부인이 있음에도 불구하고 이름 전반에 2.7.1 과 1.1.8에 의해 애인이 끊이지 않고 있다. 그의 말에 의하면 본처와 살 때도 외도하다 들통 나는 바람에 이혼을 당했는데 그런데도 그의 외도는 이름 때문인지 여전히 진행되고 있다.

    만약 성에 1.1이 있는데 이름에서 1.2가 5.6을 보거나. 1.2가 중첩되거나 5.6이 중첩되어 있으면 바람 피는 것이 들통 날 경우 대부분 부부가 갈라서게 된다. 그런데 이 이름은 처복이 많다보니 한동안 시끄럽긴 했지만 다행히 무사히 넘어갈 수 있는 이름이라 그 또한 잘 넘겼다고 했다.

    무엇보다 재혼한 부인이 오래 전에 외곽지역에 천 평 미만의 전(田)을 매입한 것이 개발지역으로 선정되는 바람에 정부에서 많은 보상을 받았다. 그게 밑거름이 되어 평수가 넓은 대지에 허름한 주택을 헐어내고 거기에 24개의 원룸을 새로 건축했다. 그러면서 퇴직을 하더라도 평생 동안 월세만 받아도 먹고 사는 데는 지장 없다고 정병규의 자랑이 대단하다고 했다. 그러면서 그게 다 좋은 이름을 선물 받은 덕택이라 하면서 의뢰자한테 만나기만 하면 감사하다는 인사를 한다고 했다.

그동안 이름을 상담하면서 느낀 것이 있다면 성에 남편을 나타내는 7.8이 여성의 이름에 하나만 있고, 남성은 부인을 나타내는 5.6이 정병규의 이름처럼 6이 하나만 있는 경우는 결혼을 주로 한번만 하는 것을 많이 본다. 이혼을 하더라도 혼자 살거나, 외도가 들통 나더라도 이름에 배우자 운이 깨지지 않고 있으면 대부분 배우자가 참고 사는 경우가 왕왕 있다. 특히 남자이름에서 3.4가 5.6을 생하고 7.8이 1.2를 보고 있으면 여성한테 매우 친절하다. 또한 1.2가 5.6을 극하지 않는 상태서 6.1.5가 있거나 2.7.1의 재성의 배합이 좋게 있으면 부인 덕도 있지만 외도할 때 밖에서 만나는 여성들도 해를 끼치지 않는다. 그리고 7.8이 1.2를 보고 있으면 애인을 만나더라도 데이트 비용을 주로 여자가 쓰는 경우가 많다.

그래선지 정병규도 오랫동안 이혼하고 외롭게 생활했지만 재혼한 부인의 전답이 재산을 증식하는데 한 몫 하는 바람에 그 영향으로 지금은 노후를 걱정하지 않아도 될 정도로 여유롭고 풍요로운 삶을 살아가고 있다. 지금은 거의 육십을 바라보는 나이라 그런지 그의 바람끼도 서서히 잦아들고 있다고 했다.

· 연락처 ; 010-6542-4383
· 이메일 ; yedooge@hanmail.net

이름 때문에 바람핀다면?

　실질적으로 필자가 많은 사람들의 이름을 상담해본 결과 90% 이상이 혼외정사를 하는 이유가 이름에 담겨있다는 사실이다. 그 이유는 한글구성성명학은 사주 푸는 방식을 도입해 체계화시킨 학문이기 때문에 알 수 있는 현상이다.
　그러다보니 이름 석자에서 발현되는 기운으로 모든 것을 알 수 있다. 타고난 사주팔자가 바꿀 수 없는 숙명적 요소라면, 이름은 운을 전환시키는 개운의 요소가 담겨 있다. 따라서 우리의 가장 관심사인 재물운, 배우자운, 건강운을 포함, 바람피는 것도 알아 볼 수 있다. 대개 여자는 9.3이나 0.4의 배합이 있으면 내연남이 있고, 남자는 1.7이나 2.8로 조합된 이름이 내연녀가 있다. 따라서 이름에서 이렇듯 내연의 관계도 알 수 있는 것은 구성성명학 밖에 없다고 확신한다.

• 여자가 바람 피는 이름

　강미자〈60년 庚子생〉
　773　91　17
　　강　미　자
　006　24　30

　이길숙〈72년 壬子생〉
　45　938　379
　　이　길　숙
　36　047　480

　홍라희(80년 庚申생)
　493　57　42
　　홍　라　희
　493　57　42

• 남자가 바람피는 이름

　조형남(1975년 乙卯생)
　54　718　024
　　조　형　남
　54　718　024

　성수영(1954년 甲午생)
　577　59　727
　　성　수　영

800 82 030

김기준(1941년 辛巳생)
810 82 155
김 기 준
375 37 811

송종국〈79년 己未생〉
082 982 646
송 종 국
082 982 646

이름에 재물을 극하면

안홍서(경기용인지사)

64년생인 문송기의 이름을 보고 한마디로 잘라 말했다.
"열심히 노력한 것에 비해 축적된 재물이 별로 없지요?"
이렇게 말해주었더니 불쾌한지 안색이 금방 변했다.
"왠걸요. 그래도 먹고 살만은 합니다."
돈이 없다는 말에 자존심이 상했는지 단호하게 부정했다.
"그러면 그 이름대로 그대로 살아봐요."
나 역시 이름에 대한 확신이 있는 터라 물러서지 않고,
"앞으로 내 말이 맞나 안 맞나…… 지켜봐요."
고집 부리지 않고 개명을 했으면 하는 마음에서 그의 성정을 아는 터라 강하게 얘기 했다. 그랬더니 그도 내 결연한 표정에서 뭔가의 기운을 느꼈는지 그때서야 솔직히 자기도 자신의 돌림자가 싫었다는 얘기를 했다. 그러면서 좋은 이름으로 바꿔달라고 개명을 의뢰했다.

다행히 그가 싫다고 한 돌림자인 '송'이 갑진(甲辰)생인 문송기의 이름에서 문제가 많은 이름이었다. 관성과 명예를 나타내는

7.8을 3.4가 극하게 되면 직업에 변화가 많고 관재가 끊이지 않는다. 그런데다 이름 끝 자에서 처를 극하는 1.5가 자리하고 있어 여자와 재물을 파괴하는 흉한 이름이었다.

"실은 제가 돈을 잘 벌긴 합니다만, 이상하게 버는 것에 비해 나가는 게 많아 비축한 돈은 정말 없습니다."

그는 엔지니어로 안정적인 사업기반을 구축하고 있지만 남들이 생각하는 것만큼 큰돈은 없다고 그때서야 이실직고했다. 그래서 직접 발로 뛰는 사업가라 재물이 융성한 7.1.5의 수리 조합으로 작명을 해주었다. 아직 개명한지 얼마 되지 않아 이렇다 하게 이름에서 발현되는 기운을 파악하지 못했지만 분명 좋아질 것이란 확신은 있다.

그리고 정묘(丁卯)생인 87년생 김설청의 이름이 이상하게 기억에 남는다.

그는 삼십대 초반의 젊은 나이지만 그동안 호텔지배인의 경력이 있었고 현재는 골프 샵을 운영하고 있다. 그의 아내는 대학교수면서 학과장을 겸임한 능력 있는 부인이다. 성에 재성(처)을 극하는 2.6이 있는데 이름에서 2.7이 있으면 부인보다 외정에 비중을 두게 된다. 그러다보면 부부이별수가 예견되는 이름이다. 재물적인 운세 역시도 절약가의 성향이 강함에도 불구하고 성에서 2.6과 중첩된 인성(문서) 0.0에 의해 파재의 조짐이 있다.

성에서 4.8.6이 예시하듯 김설청은 꿈과 야망이 큰 사람이다. 지지에서 2.6.4가 암시하듯 차라리 야망을 잠재우고 기술직으로 평범하게 살아가면 그나마 안정적인 삶을 영위할 수 있다. 그러나 그는 지금 하는 사업으로 많은 돈을 벌고 싶어 했고 아내와도 외국여행을 자주 다니며 행복하게 살고 싶어 했다. 아직 자식은 없지만 그 누구보다 단란한 가정을 꾸리는 게 그의 소망이라며 개명의 뜻을 분명하게 밝혔다. 그래서 김설청의 꿈과 야망까지는 아니지만 그의 바람대로 단란한 가정과 재물적인 융성함이 이루어질 수 있도록 좋은 이름으로 개명해 건네주었다.

· 연락처 ; 010-2863-3319
· 이메일 ; youngyae333@hanmail.net
· 사이트 ; http://다지음용인.com

부부연예인 이름분석

신상옥 (1926년생)
771 739 953
신　 상　 옥
559 517 731

최은희 (1926년생)
857 981 08
최　 은　 희
635 769 86

　신상옥의 이름은 '신'인 성만 빼고 이름 자체는 매우 좋은 이름이다. 앞서도 설명했듯이, 명예가 있는 이름은 대개 7.3.9, 혹은 7.7.3이고, 재물이 있는 이름은 5.1.7이다. 선천운에서 7.3.9가 지지의 7.7.3이 명예를 나타내고, 후천운의 5.1.7이 재물을 나타내 준다. 그렇지만 '상옥'이란 이름에서 이렇듯 좋은 운기가 발현되는데 반해, 성에서 7.7.1이나 5.5.9가 중복된 것은 좋지 못하다. 7.7이 중복되면 자기 몸을 구속하는 것이 되고, 5.5가 중복되면 문서를 묶어 놓는 것이 되기 때문에 월북으로 인한 억류가 이렇듯 이름에서도 나타나 있다.
　최은희의 이름은 대체적으로 흉조가 없이 상생으로만 이루어진 무난하고 좋은 이름이다. 특히 성에서의 '최' 8.5.7은 초년부터 명성(8.5), (5.7)로 인기배우로서 그 명성을 구가하였고, 중심운에 9는 학문성의 별로서 안양예술고등학교 교장을 역임한 것이라 할 수 있다. 그렇기 때문에 월북되었다가 다시 남한으로 탈출 할 수 있었던 것도 이름에서 발현되는 좋은 기운 때문이다. 그렇지만 신상옥의 이름을 분석해 보면 7.1이 두 개나 중복되어 있어, 이는 부인 이외의 숨겨둔 여자를 뜻하고, 최은희의 이름은 남편을 나타내는 7.8이 많은 것이 흉이다. 그러다보니 그로인해 이별을 겪게 되지만, 가장 중요한 것은 두 사람의 이름 중심에서 7이 9를 생하고 전체적으로 상생의 기운이 많아 좋은 궁합에 속하다보니 헤어졌어도 다시 재회가 되었던 것이다.

신성일 (1937년생)

```
882  800  081      440  992  030      440  882  800  081
 신    성    일       강    신    영       강    신    성    일
004  022  203      662  004  252      662  004  022  203
```

'강신영' 본명엔 타고난 성에서의 '강' 6.6.2에 의해 재물이 있는 반면에, '영' 2.5.2에 의해 다시 재물이 극을 받게 된다. 이렇게 되면 늘 희비가 엇갈린다. 그런데 예명인 '신성일'의 이름을 풀이해 보면, 재물(혹은 여자)을 나타내는 5.6이 없고, 다만 '신'에서의 8.2나, '일'에서의 8.1에 의해 감춰진 재물이나 여자가 많음을 나타낸다. 따라서 신성일이나 강신영의 이름에서 예시하듯 0.3이나 0.4가 중복적으로 나타나므로 인해 정치에 뜻을 갖게 한다. 무엇보다 재물과 무관한 이름이다보니 수백편의 영화에 출연해 엄청난 돈을 벌었지만, 여러번 국회의원 출마와 낙마로 파재가 따랐다. 그나마 강신성일에 '강' 4.4.0과 6.6.2에 의해 정치

에 입문할 수 있었다고 본다.

엄앵란 (1936년생)　　본명 엄인기
995　999　231　　　995　071　37
　엄　앵　란　　　　엄　인　기
662　666　708　　　662　648　04

　엄앵란의 이름은, '엄'이 9. 9. 5나 6. 6. 2는 재물이 융성한 이름임을 알 수 있다. 본명인 '인기'란 이름으로 살았다면 남편과 이별수를 겪게 되는 이름이나, 다행히 예명으로 불리었기 때문에 부부이별은 면했다고 볼 수 있다. '앵'에서의 중복적인 9.9.9가 불길함을 예고함으로 인해 문서로서 변화가 많았음을 알게 한다. 재물적인 운세는 예명보다는 본명이 훨씬 양호한 편이다. 따라서 엄앵란의 경우는 본명에선 재물은 윤택하나 남편을 극하고, 예명은 성에 의해 재물은 있지만, '앵'에서의 영향으로 삶의 굴곡이 많았다. 그 대신 남편을 극하고 있지 않아 부부 이별수는 면했으니 다행인 이름이라 할 수 있다.

장윤정(1980년생)　　도경완(1982년생)
273　365　243　　　71　905　5197
　장　윤　정　　　　도　경　환
273　365　243　　　37　561　1753

　장윤정 이름은 성에서 나타내는 7.3에 의해 남편과 인연이 없는 이름이다.
　이름 끝자 '정'에서 중복된 3.4가 이를 대신 말해주고 있다. 반면에 도경완의 이름은 5.6.1이나 5.3에 의해 처덕이 있는 이름이다. 아울러 성에서 나타내는 7.1이나 '환'에서 나타내는 1.7에 의해, 부인 이외의 여자가 늘 잠재해 있음을 알 수 있다. 이렇게 되면 결국 장윤정의 이름 끝 자에서 예시하듯 3.4는 관성(남편) 7.8을 극하기 때문에 자칫 이별로 이어질 수 있다. 이름에서 나타나는 궁합적인 요소 또한 〈3.9〉, 〈6.0〉은 서로 상극으로 좋은 배합의 이름이 아니다.

김지미 (1940년생)	본명 김명자
719 21 91	719 983 27
김 지 미	김 명 자
597 09 79	597 761 05

김지미나 김명자의 이름은 성에서의 7.1에 의해 재물이 있고, 5.9.7은 역마성으로 활발한 활동을 나타낸다. 또한 본명은 확연하게 8.3에 의해 남편덕이 없음을 예시한다. 뿐만 아니라 남편을 나타내는 7이 여러개 있어 예명이나 본명 모두가 관성(남자) 7.8이 많은 것이 특징으로 일부종사의 어려움을 예측한다. 이를 사주에선 관살혼잡이라 하는데 여러명의 남자와 결혼을 뜻한다. 성에서의 7.1.9나 5.9.7에 의해 타고난 재물 운은 있지만, 본명 6.1이나 예명 2.1에 의해 파재가 자주 일어나는 이름이다.

나훈아 (1947년생)	본명 최홍기
24 922 04	768 960 48
나 훈 아	최 홍 기
79 677 59	413 615 93

나훈아의 이름은 결론부터 말하면 본명인 최홍기 보다 못한 이

름이다.

　본명인 '최홍기'는 명성을 나타내는 0.4.8과 9.3이 있고, 재물을 나타내는 1.3.6이 상생으로 이어지지만, 예명인 '나훈아'는 재능을 나타내는 '나'의 2.4에 의해 우리나라 최고의 가수로서 그 역량을 발휘하고, 0.4로 인해 명성을 얻게 되지만, 후천운에서의 7이 또 중복된 7.7로 이어져 관재구설이 따른다. 뿐만 아니라 대개의 경우 7.7이 중복되면 건강상의 문제도 항시 예고된다.
　나훈아와 김지미의 두 사람의 궁합은 2가 9를 생하므로 서로 잘 맞는 궁합이라 할 수 있으나, 이름자체에서 발현되는 배우자의 관계가 두 사람 모두 좋지 못하다 보니, 서로 잘 맞아도 이별이 예견될 수밖에 없다.

구성성명학을 만나고 나서야

김세련(경기평택지사)

　55년 을미(乙未)생의 김술호는 개명 전 이름이다. 김(2.6.4) 술(6.0.9) 호(7.4)의 이름을 들으면 남성으로 생각하기 쉬우나 이분은 노년의 여성이다. 김(2.6.4)이란 성에서 2.6은 어릴 적 부친의 덕이 없고 아버지와의 인연도 약하다. 또한 초년시절 어려운 환경에서 자랐음을 예고할 수 있고 돈과 남편과의 인연 역시 힘듬을 예시하고 있었다. 그런데 이름 끝자 호(7.4)에서 남편을 극하는 기운이 발동하여 남편과 이혼하였다. 이름 첫 자에서 술(6.0.9)은 중첩된 인성 0.9를 재성 6이 극제하므로 열심히 알뜰살뜰 돈을 벌어 어느 만큼 성공을 이루었으나 결국 성에서 2.6이 암시하듯 사업이 곤두박질치면서 호(7.4)의 영향으로 법적인 문제로까지 치닫게 되었다.
　당신의 흉한 이름 때문에 곤경에 처한 것을 알게 된 이분은 좋은 이름으로 개명해줄 것을 비쳐 심사숙고하여 이름을 지어주었다.
　우선 김(2.6.4)이란 성에서 발현되는 재물을 파괴하는 2.6을 이름에서 이를 사(6.2)와 현(7.1.0)로 바꿔줌으로 직업과의 인연을 순조롭게 해 주었고 재물과의 인연 역시 더욱 탄탄하게 보강하여 주었다. 본명에서 아쉬웠던 건강문제도 좋은 배합의 에너지로 넣어 주었더니 그 후로 모든 것이 원만하게 해결되었다.

이 이름의 의뢰자는 60세가 넘도록 혼자 살다가 개명하기 얼마 전에 주변 사람들의 반대를 무릎 쓰고 나머지여생을 함께 할 남자친구를 만났다. 모쪼록 늦게 만난 인연인 만큼 두 분의 사랑이 잘 이루어지길 바랬다.

구성성명학의 작명법으로 이름을 개명하고 나면, 타인의 입을 통해 불러 주는 것만으로도 '좋은 인연을 만나라', '대인관계가 원만해져라', 또는 '돈과 인연이 있어라', '건강해져라', '자식과 행복해져라', '남편한테 사랑 받아라' 는 긍정의 파동 에너지를 끌어당기고 모은다. 과일가게를 가면 사과는 사과끼리, 배는 배끼리 모여 있듯이, 좋은 파동이 그러한 에너지를 끌어당겨 발현된다.

대략 우리 몸 세포의 수명이 2년이라고 하니 세포가 다 바뀌는 2, 3년 동안 이름을 열심히 불러주고 노력하면 그에 따른 성과가 분명 있다고 본다.

각설하고 김술호님은 개명 후, 당시 사귀고 있던 남자친구의 여자관계를 우연찮게 알게 되었다. 그러자 한 치의 미련도 남기지 않고 그 남자와 정리했다. 그러던 중에 좋은 곳에서 스카우트 제의가 들어와 현재까지 근무 중에 있다.

육십 중반의 나이임에도 불구하고 업무에 인정을 받아 상여금도 남보다 더 많이 받고, 그리고 무엇보다 마음이 많이 편안해 졌다. 그래서 그런지 아들 역시도 일이 많이 늘어나 안정된 생활을 하고 있다 보니, 이제는 그야말로 살만하다고 자랑이 대단하다.

이와 같이 한글구성성명학의 개명은 좋은 파동의 기운이 좋은 에너지를 끌어당기므로 이름에서 불리워지는 소리에너지의 효과를 톡톡히 본다. 따라서 좋은 이름은 불러 주는 사람이나, 개명한 사람에게 기도와 같은 효력이 발생하기에 즉 불러주는 좋은 이름이야말로 축복의 기도와 같다고 감히 말할 수 있다.

　나도 성장 후, 서너 번의 이름을 바꿨다. 처음 '지훈'이라 바꾸고는 몇 번의 경제적 풍파가 따랐고, '서연'으로 개명 한 뒤에는 몇 년째 다니던 직장에서 쫓겨나다시피 그만두었고 거기에 법적인 문제까지 발생해 결국엔 돈까지 떼였다.

　그리고 시간이 한참 지난 뒤, 한글구성성명학을 만나면서 '지훈'과 '서연'의 이름을 풀이해 보니 그때 불렀던 이름들이 어찌 그리 흉한 기운들이 똑같이 작용했는지 그야말로 이름에서 발현되는 에너지의 무서움을 새삼 느꼈다.

　그리고 감사한 일은 내가 한글구성성명학을 배우고 나서 나를 힘들게 하고 나에게 상처를 주었던 사람들의 이름을 풀이해보니 왜 그랬는지 가히 짐작이 되었다. 그들로 인한 나의 트라우마들도 결국엔 나의 불길한 이름과 그들의 흉한 이름에서 발현된 기운의 만남에서 그렇게 될 수밖에 없었다는 것을 알게 되었다. 그들의 노력으로도 감당할 수 없었음을 이해하게 되니 그들로부터 받았던 상처가 서서히 아물어 짐으로 자연스레 치유가 되었다.

　나에겐 어릴 적 매우 힘들었던 환경의 상처들이 덕지덕지 남아 있다. 그래서 그러한 상처들로부터 벗어나려고 수없이 노력하고 몸부림쳤지만 마음대로 되지 않았다. 젊은 시절 삶이 고되고 힘들 때면 자연발생적으로 아버지에 대한 원망과 미움으로 번져갔다. 그러나 지금은 그러한 원망이 도리어 연민으로 바뀌면서 아버지를 떠올리면 그냥 안쓰럽고 불쌍하단 생각이 든다. 나의 마음이 이러하니 내 안에 깊이 뿌리박혀 있던 지난시절의 마음의 상처들이 눈 녹듯 사라져 버리고 말았다. 마음속에 억눌리고 있던 미움과 원망이 이와 같이 눈 녹듯 녹아 버리고 나니까 그만큼의 삶의 무게도 무척 가벼워진 느낌이다.

대개의 경우 많은 사람들이 개명을 했지만 별반 다를 바가 없다는 얘기들을 한다. 나 역시도 그러했으니까 충분히 공감하는 바다. 그러나 그들이 한글구성성명학의 작명방식으로 이름을 짓지 않았기 때문에 어찌 보면 그리 느낄 수밖에 없는 것이 당연지사다. 단언컨대 구성성명학의 작명 방식을 제외한 그 어떤 이름으로 개명 한다하더라도 결국엔 본명이나 개명한 이름이 별반 다를 바가 없다. 그러기에 좋은 파동의 에너지를 느끼지 못해서 그런 거다.

다지음 학회의 방식으로 개명을 하고 나면, 그야말로 얼마 지나지 않아 주변에서 이구동성으로 하는 말이, '뭔지는 모르지만 분위기가 많이 바뀌었다'는 얘기들을 많이 한다. 그래서 '집에 무슨 좋은 일이 있냐'고 이렇게 묻는 사람들이 많다. 이런 것만 봐도 확실히 좋은 이름은 긍정의 파동 에너지를 주변에서 먼저 느끼는 것 같다.

'사람의 심장으로부터 나오는 전자기파(파동에너지)는 그 옆에 있는 다른 사람의 뇌에 의해 탐지 된다'고 한다. 즉 마음이 고요한 사람 옆에 있으면 함께 마음이 고요해지는 것이 과학적으로 설명이 된다. 이는 환자주도치유전략이라는 책에 나오는 내용이지만 이 또한 알고 보면 같은 파장에서 느끼는 동질성 때문이다. 즉 사람의 뇌나 척수 심장 등에 있는 신경세포들은 서로 파동에너지의 신호를 주고받는다는 얘기이다.

최근 TV프로그램 '무엇이든 물어보삼'에서 천문 전문가 박찬섭 별자리 상담사가 나와 서장훈과 이수근에게 오링 테스트를 해보라고 했다. 이수근이 좋은 생각을 하고 서장훈에게 손가락을 떼어보라고 하니, 이수근의 손가락은 떼어지지 않았다. 그리고 이수근에게 슬픈 생각을 하라하고 서장훈에게 떼어 보라고하니 이수근의 손가락이 힘없이 떼어졌다.

 이렇듯 잠시의 생각만으로도 에너지의 변화를 볼 수 있다는 것을 증명해준 셈이다. 개명 후, 이름을 부르면 처음 얼마간은 그에 대한 반응을 별로 느끼지 못한다. 그래서 상대가 부를 때 대답이 번번이 늦다. 몇 번을 불러야만 뒤늦게 알아차리는데 나의 경험을 비추어 볼 때 그렇다는 거다.

 개명을 하더라도 한동안 나의 뇌가 개명보다 본명에 익숙해져 있다. 그러다 보니 뇌와 몸에서 금방 반응 하지 않아 세포 하나하나에 좋지 않은 에너지가 그대로 생각 속에 남아 있다. 그러니 늘 긍정적으로 생각하고 행동하려해도 나도 모르게 곧 잊어버리기 일쑤다. 따라서 좋은 이름을 갖는다는 것 자체가 나의 세포들에게 희망과 기적과 긍정을 끌어당기는 씨앗을 심는 것과 같다. 아울러 운명의 파도를 극복할 수 있는 힘의 원천이 생기는 것 또한 바로 파동의 물결과 같다. 파도를 보고 있노라면 거대한 물결의 거친 파도가 세차게 밀려오면 작은 물결들의 파도는 한순간 한꺼번에 그 큰 파도에 휩쓸려 하나가 된다. 그러한 광경들을 보고 있노라면 나도 모르게 인생이란 거친 파도에 나의 작은 인생도 떠밀려 간다는 느낌이 든다. 어느 때는 용기와 지혜조차 엄두 내지 못한 채 큰 물결에 휩쓸려 정처 없이 떠다니는 기분이다. 그러나 개명을 하고 난 후로는 그 어떤 강한 에너지가 도리어 나를 단단하게 붙잡고 있다는 생각에 큰 파도의 물결을 유유자작하게 감상하고 있다.

 그동안 내가 다지음의 작명방식으로 개명을 해준 사람들을 살펴볼 때, 특이한 점이 있다면, 개명 후 그들의 마음이 왠지 심란하다는 거다. 이는 건강식품을 먹을 때 효능이 좋을수록 명현반응이 나타나듯 이름 역시도 사람에 따라 다르나 이러한 명현반응의 현상들이 나타난다. 그래서 얼마간은 개명 해준 고객들이 혹시 개명을 잘못한 것이 아닌가? 그런 의구심을 들까봐 자주 문자나 통화로 그들의 근황을 물어보면서 한동안 케어해 주고 있다.

그러한 명현 현상들이 지나고 나면 그때부터는 영락없이 '남편이 자상해 졌어요', '아들과 더 살가워졌어요' 이렇게들 얘기 한다. 나의 경우도 예외는 아니다. 개명 후, 얼마간은 지금 내가 이렇게 말하고 있는 것을 느끼지 못하는 사람이 있을지 모른다. 그러나 시간이 지나고 나면 기운이 달라지고 있는 것을 확실하게 느낀다. 그러기에 나는 모든 사람들에게 다지음의 작명방식으로 개명을 하라고 적극 권장한다.

사람의 인체도 뭉쳐있고 눌려있는 근육은 풀어 주어야 고통과 통증이 없어지듯이 좋은 파동의 에너지로 이름을 개명하고 나면 그동안 억눌렸던 흉한 기운들이 풀리면서 최소한 노력한 만큼의 대가가 성공이란 열매로 거두게 된다.

삶이 연속이듯 선택의 여지도 연속이다. 따라서 어떠한 현명한 선택을 하느냐에 따라 그에 따른 결과가 각양각색으로 나타난다.

또한 작명함에 있어서도 어느 작명 방식을 선택 하느냐에 따라 삶의 질도 월등하게 차이가 난다. 그야말로 멋지고 행복한 삶을 꿈꾸고 있다면 한글구성성명학을 적극 추천하고 싶다. 흉한 이름을 좋은 이름으로 개명하여 노력한 만큼의 성과가 있다면 한번쯤 생각해 볼만하지 않은가! 그런 생각에서 자신 있게 구성성명학의 작명방식을 추천하고 또한 개명을 권장하는 바다.

· 연락처 ; 010-7216-8337
· 이메일 ; pyg8029@naver.com
· 사이트 ; http://다지음오산송탄.com

우리나라를 대표하는 기업 네이밍

이병철 (1910년생)	이건희 (1942년생)
179　133	391　355
삼　　성	삼　　성
957　911	846　800

 기업 이름은 회장에 따라서 사업의 운명도 달라진다. 그렇다면, 창업주부터 현재 회장까지 그룹 변천사를 보면 그 향방을 알 수 있다.

 '삼'은 재물을 극하는 1을 7이 극제하면 재물이 살아난다. 아울러 7이 9를 생하므로 그로인한 명성과 함께 문서(부동산)로서 부동산 취득에 의해 재물이 된다.
 '성' 1.3은 승재관(재물을 이어주는 길성)에 의해 무한한 아이디어와 새로운 아이템이 생성 된다. 따라서 선천운을 나타내는 40

189

대 전후엔 사업 확장에 따른 투자만 방만했지, 실질적인 자금회전은 원활한 편이 아니다. 그러다 후천운인 사십대 이후가 되어서야 9.5.7에 의해 재물은 물론 '삼성'이란 상호가 세상에서 빛을 보았다.

'삼' 명성을 나타내는 7.8을 3이 극하면 흉하나 이럴 때 9가 극해주면 명성이 살아나는 묘미가 있다. 따라서 9가 1을 생하고 3.5로 연속으로 생하는 관계로 이건희 회장과는 매우 잘 맞는 상호다.

정주영 (1915년생)		정몽헌 (1948년생)		현정은 (1955년생)	
710	08	263	31	710	08
현	대	현	대	현	대
710	08	598	86	154	42

'현대'는 정주영회장한테 7.1이 선후천에 있어 그나마 나은 회사명이나, 현정은 회장은 선천운에는 7.1에 의해 좋으나 후천운인 지지(地支) 1.5로 인해 좋은 가운데 재물이 파괴되는 회사명이다. 정몽헌 회장은 70%의 운기가 작용하는 선천운에 2.6에 의해 흉한 상호에 해당된다. 따라서 천간과 지지에서 발현되는 상극⟨2.5⟩, ⟨6.9⟩, ⟨3.8⟩, ⟨1.6⟩의 배합으로만 이루어져 흉변이 예고된 회사명이 된다.

그의 뒷모습을 바라보면서

차채담(대구다사지사)

1974년 갑인(甲寅)생인 김某는 어릴 적 부모가 이혼하고, 세 번의 결혼과 이혼을 강행한 아버지로 인해 그가 자란 가정환경은 매우 좋지 못했다. 그래서 그로인한 열등의식이 피해의식으로 변했고 반항적이면서 부정적인 생각으로 인해 학창시절 교우관계도 좋지 못했다. 또한 학업에 전념하지 못하다보니 성인이 되어서 변변한 직업이 없었다. 직장을 얻지 못하다보니 일정한 수입이 없었고 뜬구름 잡는 식의 주식에 관심을 기울였지만 자금이 없는 그로선 그 또한 그림의 떡에 불과했다. 어쩌다 적은 돈으로 투자한 주식이 주가가 올라 종자돈이 되어 틈만 나면 주식에 몰두했지만 결과는 늘 빈털터리였다. 안정된 생활을 갖지 못하니 결혼은 꿈도 꾸지 못했고 지금은 혼기를 훌쩍 놓쳐버려 결혼은 아예 포기하고 살았다.

그러니까 지난해 가을, 길가의 노란 은행잎이 빨간 단풍과 어우러져 형형색색의 조화를 이루고 있을 즈음에 그가 다시 방문했다. 처음 이름에 대해 상담을 왔을 때만 해도 열등의식이 많아 자기스스로 인간구실도 못하는 놈이라고 자조 섞인 음성으로 한탄을 쏟아냈었는데 처음보다 왠지 모르게 많이 달라 보이는 모습이었다.

그때는 김씨 성에서 나타나는 1.5에 대해 장황하게 설명했더니 자신의 불우했던 가정환경을 세세하게 얘기하면서 자신의 속내를 전부 토해내고 갔었다. 이름에서 발현되는 기운 또한 흉한 기운에 의해 그럴 수밖에 없었던 그의 이름에 대해 설명을 해주면서 위안을 줘서인지 이번에는 개명을 결심하고 방문하였다.

성에서 처와 재물을 극하는 1.5의 흉한 기운을 보완해 주기위해 이름 첫 자에 5.2.7의 수리배합을 넣어서 작명해 주었다. 그랬더니 그 후로 좋은 이름의 기운을 느꼈는지 개명 후로 자주 찾는 편이었다. 대략 한 달에 한번정도 만나서 그런지 그와도 이제는 제법 친숙해졌다. 가끔 만나면 전과 다르게 신세한탄이 아니라 이제는 결혼해서 안정된 생활을 갖고 싶다는 희망의 얘기들만 많이 했다.

며칠 전에 우연찮게 길가에서 만났는데 그동안 형편이 많이 좋아졌는지 얼굴에 혈색이 돌면서 환하게 웃으면서 인사했다. 우중충한 모습만 보다 환한 표정의 그를 보자 딴 사람인가 싶을 정도로 매우 달라 보였다.

예기치 않은 곳에서 만나 반가워 그런지 제일 먼저 주식에 손을 완전히 떼었다는 소식부터 전해주었다. 마침 벼룩시장 구인난의 광고를 보고 전화했더니 자기 적성에 딱 맞지는 않으나 그래도 해볼 만한 영업직이기에 얼마 전부터 그리로 출근하고 있다고 최근의 근황까지 알려 주었다. 그러면서 알뜰하게 돈을 모아 조그마한 점포라도 차릴 계획이라는 포부를 밝혔다.

오며가며 찾아뵙겠다는 인사와 함께 돌아서는 그의 뒷모습이 그때처럼 든든하게 보인 적이 없다. 그의 희망과 포부가 마치 내 것 마냥 그렇게 기쁘고 뿌듯하게 느껴보긴 처음이다.

그래선지 내가 다지음의 김천지사로 활동하고 있는 지금이 가장 행복하다. 사람을 변화시키고 인생의 전환점에서 길잡이가 되어주는 작명가로서의 역할이 이렇게 가슴 뿌듯하게 하는 줄 정말 몰랐다. 좌절하여 침잠해 들어가는 한 인간을 이렇게 변화시키는데 이름이 큰 역할을 담당했다는 것에 참으로 놀라울 따름이다.

· 연락처 ; 010-3810-3282
· 이메일 ; topnate12@naver.com

불용문자에 대한 견해

간혹 이름을 짓다 보면 불용문자 때문에 난감한 일들을 겪게 된다. 최상의 이름으로 작명해 주어도 소위 불용문자라는 이유로 다른 이름을 원했을 때 참으로 답답했던 적이 한 두 번이 아니었다.

예기(禮記)에 따르면 이름자에 나라이름, 해와 달, 산천이름을 쓰지 말라 기록되어 있으나, 이는 개인의 이름에 나라이름을 쓰는 것 자체가 불경스러운 일로 여겨져 금하였다.

그러나 세상은 많이 변화되었고, 현대는 성명학에 관련된 새로운 학설이 숨쉴 사이도 없이 새롭게 쏟아져 나오고 있다. 빠르게 급변하는 세상에 아직도 불용문자를 고집한다는 것은 어리석고 우매한 일이다. 따라서 성씨와 배합된 좋은 이름이라면 한자의 획수나 불용문자에 관계없이 사용해도 좋다. 경우에 따라선 최상의 이름을 지어 놓고도 불용문자라 하여 차선의 이름을 선택하는 사람들을 볼 때, 타고난 팔자에 의해 자기 이름을 저렇게 찾아가는구나. 하고 생각들 때도 있다.

이는 대법원 인명용 사전과 불용문자 이론이 사람들에게 좋은 이름을 지어놓고도 사람들로 하여금 망설이게 하는 요인을 만들고 있다.

사주가 몸이라면 이름은 의복과도 같다. 그만큼 사주와 이름은 밀접한 관계가 있다. 따라서 파동에 의해 서로 융합되게 좋은 운기를 발현하는 이름을 지었다면 어떤 한자가 되었건 간에 무방하다.

그동안 검증되지도 않은 불용문자 때문에 많은 사람들이 좋은 이름을 지어놓고도 주저하는 것을 보면 참으로 안타까운 심정이다. 지금도 일부 작명가들은 편협되고 편중된 시각으로 불용문자를 운운하며 작명의 본질을 흐려놓고 있어 심히 염려스러운 마음이다.

수백 가지의 불용문자들 중에 밝을 명(明)자는 머리는 명석하나 인생에 파란곡절이 많고, 구슬 옥(玉)자는 배우자의 수명을 단축시키며, 맑을 숙(淑) 애정관계가 복잡하야 추한 일을 당하고, 아들 자(子)자는 불행이 겹쳐오고 장애가 많다고 하나, 이러한 한자를 쓰고도 대통령이 된 이명박(李明博)의 밝을 명(明)자나, 영부인이 된 이순자(李順子)의 아들 자(子)나 김옥숙의 옥(玉) 역시 마찬가지다.

어쨌든 불용문자를 사용하고 있는 많은 사람들이 국가의 요직을 두루 거친 훌륭한 인물들이 너무 많다. 따라서 불용문자는 혹세무민 하는 낭설에 불과하므로, 이러한 한자를 가진 사람들의 마음이 하루라도 빨리 마음고생에서 벗어났으면 하는 바람이다.

개명한 이름이 안타깝다

전교선(서울영등포지사)

677 59 359
정   수   민
677 59 359

74년생인 이 이름의 당사자는 부모가 이혼했고 얼마 지나지 않아 모친이 다른 사람과 재혼했지만 재차 이혼하고, 지금은 세 번째 다른 사람과 살고 있다. 딸은 엄마 팔자를 닮는다고 내담자 또한 49세 임에도 불구하고 지금 세 번째 남자와 살고 있다.

이 이름은 현재 살고 있는 남편이 어디 가서 지어 와서 호적까지 바꾼 이름이다. 정수민의 사주는 甲寅년 戊辰월 己卯일 甲戌시의 사주를 가진 사람인데, 어쩜 그렇게 개명한 이름이지만 사주대로 똑같이 지어왔는지 지금 그러한 현실을 살아가고 있어 신기할 따름이다.

중심수 5인 사람은 역마성을 갖고 있어 돈 벌기 위해서는 무슨 일이든 가리지 않고 열심히 뛰어다니는 사람이다. 그야말로 자기 몸을 죽기 살기로 내던져가며 벌고 있지만 이름 어디에도 재물인 5,6을 다스릴 만한 1,2가 없어선지 재산이 모이질 않았다. 자신을 위해서는 단 한번 써보지도 못하고 늘 거짓말처럼 엄마나 언니들한테 전부 돈이 나가고 있다. 지금도 그러한 엄마와 언니들의 전화만 받으면 가슴이 덜컹 내려앉는다며 속상해 죽겠다고 눈물로 호소했다.

　재물인 5,6이 부모와 학문과 문서를 나타내는 9,0을 극하면 부모덕은 물론 변변한 내 집 한 칸의 문서도 없게 된다. 그런데 이러한 5,9의 배합이 네 번이나 반복하여 나타나고 있으니 부모 형제를 위해 목숨 바쳐 희생하더라도 고맙다는 소리 한번 듣지 못하고 살 수밖에 없다.

　아직은 그래도 젊다면 젊은 나이라 참고 견딜만하겠지만 나이가 조금 더 들게 되면 그야말로 인생이 허무하고 억울해서 분통이 터질 것으로 여겨진다. 그러한 분통을 해소할 곳이 없게 되면 점차 우울증으로 시달리게 되는 것을 9,0이 3,4를 극하는 이름에서 많이 보아 왔기에 안타까운 마음이 들었다.

　정씨라는 성에서 드러난 내 남자는 7,7중첩으로 만나는 남자마다 폭력성이 강한 남자들만 만나게 된다. 첫 남편을 비롯하여 두 번째 남자도 정신적으로도 문제가 많았던 남자라 도망치듯 나와서 이혼 한 거였다.

　지금 살고 있는 남편 또한 폭력적이고 알콜 중독자인데 구청청소 용역팀을 이끌고 있어서 돈은 제법 벌고 있다. 그렇지만 술만 취했다 하면 폭력을 휘둘러서 또다시 헤어질 궁리를 하고 있다.

　대부분의 여자들은 아무리 힘들고 어려워도 자식 때문에 '엄마'라는 이름으로 버티고 살아가고 있는데 '정수민'의 이름은 자식을 극하는 9,0이 3,4를 극하고 있다 보니 딸로 인해 항상 노심초사하고 있다. 고1인 딸아이가 정신적으로 우울증을 앓고 있다. 그래서 수시로 죽어 버리겠다는 생각을 갖고 있어서 학생이지만 공부하라는 잔소리를 못하고 있다.

그야말로 정신 차릴 수 없을 만큼의 흉한 이름으로 인해 정수민의 인생이야말로 비포장도로를 먼지 날리듯 덜컹덜컹 대며 살아갈 수밖에 없는 불쌍한 여인이었다.

이와 같이 한문 획수인 수리성명학으로 열 번을 개명 해본들 무슨 변화가 있겠으며 사주대로 이름을 짓다보니 '정수민'처럼 어디 가서 지은다 한들 타고난 사주를 벗어나지 못하고 짓게 된다는 사실이다. 더욱이 74년 갑인(甲寅)생의 경우는 천간과 지지가 같다 보니 이름이 좋으면 두 배로 좋고, 나쁘면 두 배로 나쁘다. 안타까운 것은 지금의 남편이 개명해온 이름이라 그 사람과 헤어지기 전에는 다시 이름을 바꿀 수 없는 상황이라 답답한 노릇이다.

'나'라는 존재를 나타내는 1,2가 없으니 자존감도 약하고, 몸이 많이 약해 9.3의 흉한 수리에 의해 자궁 수술도 했다. 그나마 식당을 운영하며 열심히 살아가고 있지만 흉한 이름의 흉재(凶災)로 법적으로 개명한 이름을 바꿀 입장이 되지 못한다면 차선책으로 명함에 사용해 보라고 조언해 준 적이 있다.

타고난 사주팔자는 신의 영역이라 바꾸지 못한다 하더라도 좋은 이름으로 운을 개운하여 삶의 질을 향상시켜주는 것이 다지음학회의 목표지점이다. 그래서 정수민한테 개명을 적극 권유했던 거다. 좋은 이름으로 힘들고 버거운 삶을 밝고 활기찬 인생으로 바꾸어 주고 싶은 마음은 다지음 학회의 일원이라면 누구나 다 함께 갖는 공통된 생각일 게다.

· 연락처 ; 010-3004-3902
· 이메일 ; jcy3325@naver.com

대통령 이름의 공통점은?

　임기가 짧았던 윤보선, 최규하 대통령을 뺀 나머지 9명의 대통령 이름을 분석해 보면, 노태우, 전두환 대통령을 제외한 대통령 이름에 전부 37-48-47-38이 있는 것이 특징이다. 즉 3.4가 7.8을 **상극**하고 있다.
　7.8은 관청(官廳)으로 직업이나 명예를 나타내는 것인데, 이러한 관(官: 벼슬)을 상극하는 것이 3.4다. 이를 쉽게 설명하면 일반 사람들이나 공무원은 官(관청)의 지배를 받고 살아가나, 대통령은 이러한 官을 통제하고 다스리는 최고 통치자기 때문이다.

이승만 (1875년생)	박정희 (1917년생)	전두환 (1931년생)	노태우 (1932년생)	김영삼 (1927년생)
86 658 420	544 700　97	146 66 3086	71　85　57	486 030 846
이　승　만	박　정　희	전　두　환	노　태　우	김　영　삼
53 345 197	633 899　08	924 44 1864	57　85　57	264 818 624

199

김대중 (1924년생)	노무현 (1946년생)	이명박 (1941년생)	박근혜 (1952년생)	문재인 (1953년생)
375 19 819	15 51 041	42 074 988	299 947 63	288 36 648
김 대 중	노 무 현	이 명 박	박 근 혜	문 재 인
153 97 697	37 73 263	97 549 633	855 503 29	511 89 971

⟨미국 대통령⟩

아버지부시 (1924년생)	아들 부시 (1946년생)	바이든 (1942년생)
49 55	61 77	29 53 747
부 시	부 시	바 이 든
18 44	83 99	54 08 272

아울러 우리나라 대통령 이름에 ⟨8.4⟩, ⟨8.3⟩가 들어 있는 것이 공통이듯, 부시 대통령 부자(父子)이름에도 이와 같이 ⟨8.4⟩, ⟨8.3⟩이 있는 것이 공통적이다.

살림보다 사회활동이

강라현(서울구로지사)

　구성성명학은 자연을 근거로 오행의 정론에 따라 판단되어진 사주명리를 근간으로 연구된 학문이다. 따라서 학문으로서의 가치가 매우 높다. 성명학뿐 만이 아닌 모든 학문에 있어서도 혹 오류를 범하는 부분이 있다하면 이를 바로 잡아 나가야 마땅하다. 그런 면에서 다지음 학회의 구성성명학 또한 많은 연구와 통찰에 의한 실험정신이 더욱 필요한 시점이라고 감히 말하고 싶다.
　69년 조경선은 이름에서 알 수 있듯이 성에 관성(직업과 남편)을 나타내는 8이 자리하고 있는 데다 이름지지 8.7.4가 이를 잘 뒷받침해주고 있다.
　따라서 69년 기유(己酉)생의 이름을 풀이해 보면, 성의 〈조〉 9.8은 관인 상생으로 초년환경이 좋았다고 볼 수 있고, 다시 또 정재 6으로 이어져 재물적인 운세도 양호한 편이다.
　성품을 나타내는 중심명운 6인 사람은 온후하고 건실하며 성정이 담백하여 빈틈없는 일처리로 주변에 신임을 얻는다. 간혹 고지식하면서도 이기적인 면이 있어 남과 다투는 것을 싫어하고 근면 성실하다.

무엇보다 중첩된 재성 5.6을 극제하는 겁재 2가 재물적인 호재를 불러들이고, 이름 끝자 〈선〉 0.2.4는 나를 중심으로 세력을 확장해, 매사에 주도면밀하고 신경이 예민해 내면의 세계에 깊이 침잠한다.

또한 승재관에 의해 투자에 대한 성과는 누구보다 잘 나타나지만, 다른 사람에 비해 특별난 능력을 지니고 있다고 생각해 스스로 고독을 자초한다. 여자 이름에 선천운 2.4는 관성(남편)을 극하는 기운이 강해 꺼리는 편이나 다행히 지지명운에서 중첩된 7.8을 상관 4가 극제 해주어 남편 덕이 있는 이름에 해당한다. 그러므로 가정생활 보다는 적극적인 사회활동으로 일에 대한 성취감을 우선으로 한다.

따라서 지지이름 끝자 〈선〉의 2.4.6 역시 승재관이 다시 또 상관생재로 이어져 재물적인 호재는 물론 다방면에서 능력이 뛰어나 어디를 가나 만인의 신망을 얻게 된다. 대개의 경우 이런 이름의 주인공은 여성이지만 집에서 살림하기보다는 사회활동으로 자신의 진가를 발휘하는데 총력을 기울이게 된다.

팔자란 사주를 뜻함이다. 태어난 년, 월, 일, 시를 각각 간(干)과 지(支)로 따져 합하면 팔자가 된다.

그렇다면 우리 인생들의 부귀빈천과 길흉화복 또는 흥망성쇠가 과연 타고난 팔자에 의해 결정되는가? 나 역시 직접 상담을 통한 경험으로서 내 본 결과만을 갖고 말한다면, 십중팔구는 주인공의 흥망성쇠가 사주로 판단된 길흉과 거의 일치하다는 점을 밝혀두고 싶다. 사람은 누구나 타고난 인과에 의해 행과 불행이 결정된다. 그런데 안타까운 것은 다른 모든 일사는 자기의 선택에 의해 이루어지는 것에 반해, 태어나는 것만은 자신의 의지와 상관없이 이루어진다는 사실이다.

애당초 인간은 누구를 막론하고 자의에 의해 태어난 사람은 한 명도 없다. 여기서 우리는 자신의 의사와는 전혀 상관없이 태어난 이 팔자(운명)란 것에 촛점을 맞춰볼 필요가 있다. 여기서부터 의심을 갖기 시작한 것이 바로 내가 성명학에 관심을 갖게 된 가장 직접적인 동기가 된다. 그런데 이렇게 각각 다르게 태어나 다르게 살아가는 모든 형태도 따지고 보면 반드시 그렇게 살아가게 되는 까닭이 있다. 이는 다 이름에 의해 우리의 인생도 그렇게 정해진다는 점이다. 대개의 경우 우리의 어르신들이 흔히 하는 말이 있다. 조상이 선행과 덕행을 많이 쌓으면 그 후손이 귀한 사주로 태어나 발복하고, 그 조상이 악행을 많이 저지르면 그 후손은 천한 사주로 태어나 천대받고 살아간다는 말이 있다. 그래서 우리가 예부터 잘살면 내 탓이요, 못 살면 조상 탓이라는 말을 많이 한다. 그러나 내가 구성성명학을 알고 나서는 잘사는 것도 이름 탓이요, 못사는 것도 이름 탓이다.

그렇다면 이름에 의해 우리의 삶이 결정되어진다면 그리 억울할 필요가 없다. 타고난 사주야 바꾸지 못하지만 이름은 얼마든지 개명으로 운을 전환시킬 수 있기 때문이다. 바로 여기에 우리가 살아가야 할 철학적 의문을 갖고 더욱 성명학 연구에 관심을 갖게 된 계기가 되었다.

왜 태어났는가? 이것이야 말로 신(神)의 영역임을 깨닫고 이름에 대해 한번쯤 깊이 있게 상고해 봐야 할 문제라고 생각한다.

· 연락처 ; 010-5967-6558
· 사이트 ; kysun1105@hanmail.net

성명학의 종류

　현재 사용하고 있는 성명학 종류에는 구성성명학을 비롯하여 81수리성명학과 사주 용신성명학(자원오행), 한글 소리성명학, 음양 오행성명학, 주역 64 대성괘 성명학이 있으며, 이와 비슷한 광미명성학이 있고, 곡획성명학이 있다. 또한 현재는 거의 사용하지 않지만 측자파자 성명학 등이 있다.
　대표적인 성명학으로는 81수리 성명학, 파동성명학, 주역 64 대성괘 성명학, 음양 오행 성명학, 자원 오행 성명학 등을 들 수 있다.
　81수리성명학은 천도의 운행 원리인 원(元) 형(亨) 이(利) 정(貞)의 네 가지 격을 가지고 81수리의 표에 의하여 주인공의 마음에 내재된 격을 살펴 운명을 풀어 가는 방법이며, 사주의 용신성명학은 그 사람의 타고난 사주팔자에 오행이 부족하거나 음양의 구조상으로 꼭 필요한 오행을 찾아 이 필요한 오행을 자원오행이나 삼원 오행 발음오행을 적용하여 그 주인공의 이름을 작명하는 방법을 말하며, 음양오행 성명학은 그 주인공의 이름이 陰

과 陽, 또는 木. 火. 土. 金. 水 오행이 서로 조화를 이루고 서로 상생이 되어 돌아가도록 짓는 성명학을 말함이다.

 곡획성명학은 자신의 띠에 해당하는 선천수를 찾아, 필획과 곡획을 더한 수를 이름 석자 총획에 합한 수를 선천수에 대입한 방식이다. 자음파동 성명학은 그 주인공을 부르는 이름의 소리를 발음 그대로 감정하여 음양오행으로 분류하고 태어난 운기에 대입하여 사주의 육신인 1.비견, 2.겁재, 3.식신, 4.상관, 5.편재, 6.정재, 7.편관, 8.정관, 9.편인, 10.정인의 10가지 육신(六神)을 적용하여 그 주인공의 이름을 작명하는 방법을 말한다.

 한문의 글자를 분리하여 이름을 풀이하는 측자 파자 성명학은 성명의 한문 글자를 한자, 한자를 측자하거나 파자(파헤쳐)해서 그 이름 주인공의 길흉을 파악해 가는 방법이다.

 구성성명학은 자음으로만 파동성명을 주장하는 절름발이식 파동과는 다르게 자음과 모음이 결합된 완전체의 파동성명이다. 거기에 사주 명식을 연구 개발하여 성명학에 도입된 국내 최초의 사주성명학이자 유일한 파동성명학이다. 그러므로 굳이 사주를 따로 보지 않더라도 이름 하나만으로 당사자의 운명을 사주 버금가게 예측할 수 있는 것이다. 말과 글이라는 것은 그 사람의 생각(마음)을 세상과 사물에 표현하고 전달하는 이치로 그 말에는 이미 그 사람이 지닌 음양오행이 담겨져 있고 형체는 보이지 않지만 소리와 에너지가 있으므로 대기 중의 기와 하나로 융화하여 상대방에게 전달된다. 이 전달된 기를 받은 생명은 이 기를 소화 흡수하여 내부로부터 변화가 일어나고 밖으로 이것을 들어내게 된다.

 요즘은 독자의 수준이 점차 높아져, 과거와는 달리 고객의 욕구도 차츰 고급화, 다양화, 개성화되어 가고 있다. 이런 시점에 성명학 또한 국경 없는 무한 경쟁시대가 되었다. 그러다보니 이러한 욕구를 충족시킬 수 있는 이론만이 살아남을 수 있는 시대가 되었다.

　결코 짧지 않은 시간 안에 급성장한 다지음학회의 한글구성성명학이야말로 고객으로 하여금 스스로 선택의 주도권을 잡을 수 있게 하였다. 고객 스스로들의 입에서 '이름을 이렇게 지으니 좋더라'의 탄성이 절로 나오기 때문이다.

재물이 융성한 이름 덕에

강세화(서울서초지사)

　49년생인 최규환님은 기축(己丑)생으로 평생을 공무원으로 직장생활만 하다 퇴직한 사람이다. 그러나 부인이 재테크를 잘한 덕분에 지금은 일 년에 한 번씩 해외여행을 다니며 매우 여유롭게 살아가고 있다.
　내가 구성성명학을 만나고 나서 느낀 점은 어쩌면 그렇게 이름대로 살아가는지, 우선 나의 가족들을 비롯해 주변에 아는 모든 사람들의 이름을 풀어봐도 마찬가지다. 이름에서 불러주는 기운따라 살아가는 것을 볼 때 난 구성성명학의 이론을 절대적으로 믿는 편이다.
　모든 학문이 학리(학문의 이치)와 상관이 없이 그것이 생활 속에 수단으로 사용하는데 결함이 생긴다면 세상으로부터 배척받고 외면당하게 된다. 그렇다면 그러한 것들이 어찌 학문으로 인정받을 수 있겠는가!
　이러한 점을 미루어 볼 때 구성성명학은 사주명리를 그대로 성명학에 접목한 논리 정연한 학문이다. 그러기에 이론 논리가 정확하게 정립되다보니 그야말로 불러주는 이름대로 살아가는 것을 많이 본다.

따라서 최규환님의 이름 또한 분석해 보면 성의 〈최〉 9.8.0은 관인상생으로 초년에 별 어려움 없이 살았던 환경임을 알 수 있고, 이름의 첫 자 〈규〉 6.3에서 예시하듯 6은 근면 성실한 사람임을 입증하고 있다. 아울러 이름 끝자 8.1에 의해 절약가적인 성품에 의해 비축된 재물이 있어 평생을 큰 어려움 없이 윤택한 삶을 살아간다.

성품을 나타내는 중심 운 6의 특성은 고지식한 성품으로 자산 또는 신용을 의미한다. 무엇보다 신중하고 현실주의적이기 때문에 보수성향이 짙어 신용과 믿음을 제일로 삼는다. 그러므로 남들로부터 신뢰를 얻는다.

3.1은 승재관으로 보기 쉬우나 이는 8이 1을 극하므로 식신 3으로 이어지지 않아 이러한 관계는 승재관이 성립되지 않는다. 그렇더라도 재물을 파괴하는 비견 1을 8이 극제하면 숨은 재물로서 경제적인 풍유함이 있게 된다. 아울러 〈환〉 1.8.6.4는 전부 재물을 보호하고 상생하는 수리로만 조합되어 재물적인 호재가 강하게 발현된다. 더욱이 己丑생은 천간지지가 같아 이러한 좋은 길성이 두 배로 강화되어, 늦도록 가정의 화목은 물론 경제적으로도 풍요롭게 살아간다.

이와 같이 재물과 처덕이 있는 이름 덕에 평생을 무탈하게 살아가는 최규환님의 이름에서 알 수 있듯이 성명학 또한 학문으로서의 이론적 근거가 확실해야 한다. 이러함에도 불구하고 이치에 의문을 갖지 않고 답만 구하려 한다면 이는 근본을 버리고 지엽을 쫓는 것과 다를 바가 없다. 또 경험만을 주장하고 원리를 모른다면 그리되는 것이로구나 하는 정도는 알지만 왜 그렇게 되는 것인지 그 까닭을 모르게 된다.

예컨대 물체를 투시하는 광선을 우리는 지금 X광선, 즉 미지수의 광선이라고 부르고 있는 것이 좋은 예이다. 하물며 인간의 운명을 논하는 성명학에 있어서 가장 근본이 되는 십간(十干), 십이지(十二支)가 태어난 년도에 맞추어 인간의 운명에 어떻게 나타나는지 그 원리의 이치를 규명하지 못한다면 성명학 또한 학문이라 할 수 없게 된다.
　무엇보다 이러한 확실한 이론적 근거가 구성성명학에 푹 빠지게 하는 매력적인 근거임을 부인할 수 없다.

· 연락처 ; 010-8735-8588
· 이메일 ; sk8588@naver.com

잘못지은 이름 누가 책임질 것인가!

연예인들한테는 이름이 정말 중요하다. 왜냐하면 일반인들에 비해 그만큼 많이 불러지기 때문이다. 그런데 몇 년 전, 某프로에서 조혜련의 이름이 나빠 새로 지어왔다는 대구의 모 자음파동 업체의 이름을 보고 가슴이 철렁했다. 아니나 다를까 그 후로 조혜련의 모습이 방송에서 한동안 보이지 않았다. 그리고 바로 얼마 전 딸과 함께 某방송프로에 나와서 이름에 나타난 그대로의 삶을 진솔하게 얘기하는 것을 들을 수 있었다. 그나마 다행인 것은 자음파동에서 지었다는 '규린'이나 '그린'으로 사용하지 않고 그대로 '조혜련'의 이름을 사용하고 있었다. 사실 일반인도 아닌 연예인들은 그동안 불렸던 이름을 바꾼다는 게 그리 쉬운 일이 아니다. 그러니 자연 망설일 수밖에 없는데 조혜련의 경우는 바꾼 이름이나 본명이 똑같이 자식한테는 흉한 기운의 이름이라 그럴 바엔 차라리 바꾸지 않은 것이, 법적개명에 따른 번거로움을 피할 수 있어 그나마 천만다행이란 뜻이다.

조혜련〈70년 庚戌생〉

29	42	685	29	76	615	29	72	816
조	혜	련	조	규	린	조	그	린
07	29	463	07	54	493	07	50	493

'조혜련'은 2.6에 의해 재물이 파극되고, 9.4에 의해 자식을 극해하거나 숨은 관성(남자)에 의해 비밀리에 만나는 내연남을 뜻하기 때문에 여자이름에선 절대적으로 피하는 이름이다. 그래서 개명의 필요성이 있는 이름이다.

그런데 새로 지었다는 자음파동으로의 이름이 '규린'과 '그린'이다. 이 두 개의 이름이 공통적으로 4.9.3의 흉조를 띠고 있다. 대개 여성의 이름에서 이러한 수리는 자식을 극해하거나 아님 자궁에 질환이 생긴다거나 외로움을 많이 타 내연남을 두게 된다. 그러다보니 조혜련 역시도 이혼하고 혼자 지내기엔 외로움을 많이 탈 수밖에 없어 재혼해 살림을 꾸렸다. 무엇보다 여성의 이름에 9.0이 3.4를 반복해서 보면 반드시 자식문제로 애로사항이 수반되기 때문에 피해야 하는 배합이다. 그래선지 그동안 딸과의 갈등을 허심탄회하게 털어놓았다.

따라서 본명인 '혜련'의 이름에서 감도는 4.9와 새로 지은 이름 또한 같은 운기를 내포하면 이 세 개의 이름에서 발산되는 기운에 의해 이성으로 인한 구설이 분분해 진다. 이러한 이름의 배합 때문인지 몰라도 까마귀 날자 배 떨어진다고 그 이름이 모 방송에서 나가자마자 바로 얼마 지나지 않아 성매매 운운의 구설이 따르는 걸 보고 새삼 파동의 힘에 무서움을 느꼈다. 물론 그에 따른 소문은 루머로 끝나 일단락되었지만, 이렇듯 남의 이름을 잘못 지으면 불행의 길로 유도한다는 사실을 잊어선 안된다.

그렇다면 잘못 지은 이름 누가 책임질 것인가!

요즘 개명하는 사람이 늘고 있다

　요즘 코로나로 경제가 어려워 그런지, 아님 한글구성성명학이 세간에 많은 관심을 받고 있어 그런지 이름에 대한 관심이 높아지고 있다. 그래선지 몰라도 대법원의 '사법연감' 통계에 따르면 개명이 급속도로 늘고 있다고 한다. 개명신청 허가율도 높아져 해마다 개명을 신청하는 자가 급증하다보니, 한국 총인구수를 기준으로 했을 때, 국민 40명중 한 명꼴이 개명 하는 셈이다. 모 채널에서 개명한 사람들의 이야기가 방송을 통해 전해진 사실이 있는데 그만큼 개명을 통해 자신의 운명을 개척하고자 하는 심리가 강하게 작용하고 있다는 것을 반증하고 있다. 그런데 안타까운 사실은 앞서 조혜련의 이름에서 설명했듯이 남의 이름을 잘못 지어 그 당사자의 운명을 그르친다면 이는 누구의 책임이고 누구의 잘못인가! 바로 이름을 잘못 지어준 작명가의 책임이다.
　그러다 보니 그 어느 때보다 개명이 늘고 있는 시점에서 우리 학회의 저변확대의 시급함을 더욱 더 절감하게 되었다. 그래야 단 한사람이라도 잘못된 이름으로 개명하게 되는 일이 없기 때문이다. 시중에 성명학의 이론서가 수없이 많다보니 이름을 해석함에 있어 각자의 이론이 다 달라 고객들이 혼란에 빠져있다.

　각가지 성명학의 이론서들마다 저마다의 방식들을 주장하고 있기 때문에 그로인해 독자들만 혼란에 빠트리고 있다. 그러한 이론서들을 통해 그 나름대로 이해하고 당사자의 운명을 조금이나마 분석할 수 있다면 좋은 학문에 해당 되겠지만 그렇지 못할 시에는 혼동만 불러일으킨다. 무엇보다 시중에 나돌고 있는 책을 보면 하나같이 일방적인 해설만 주장하지 그 원론이 어디에 근거하여 어떻게 이론이 정립되었는지에 대해서는 속수무책으로 방치되어 있다.

　또한 성명학의 종류도 다양하다보니 책을 읽는 독자들은 이를 어떻게 해석되고 이를 어떻게 이해해야 하는지를 모른다. 그러나 한글구성성명학은 사주 푸는 방식을 성명학에 그대로 접목하여 정립된 이론이기 때문에 공식처럼 나와 있어 누구나 쉽게 이해할 수 있다. 그러기 때문에 굳이 사주를 보지 않더라도 이름만으로 충분히 사주팔자를 풀어내듯 정확하게 운명을 예측해 낼 수 있다. 이는 다지음 학회에서 이름상담을 받아본 사람이라면 거의 느끼는 공통적인 생각일 게다. 특히 이러한 뚜렷한 이론체제를 중심으로 그동안 전국의 지사장들의 입을 통해 충분히 검증되고 입증된 것도 다 이러한 구성성명학의 정확도 때문이다. 그러기에 어느 누구라도 구성성명학의 이론체제를 부정할 사람이 없다. 아니 거의 대부분 이를 인정하고 공감하게 된다.

　그러기에 개명이 점차 늘어나고 있는 현시점에서 이름의 중요성을 인지하고 어느 것이 올바른 학설인가 분명하게 깨달았음 하는 바람이다.

미래학자들의 예견

오래전 지인이 자신이 직접 번역한 책이라며 불로장생의 비밀인 '텔로미어'의 책 내지 앞면에 '오래 사셔서 인류에게 유익한 일을 많이 하시기 바랍니다. 심 ㅇㅇ. 2013년 9월 23일' 이러한 싸인과 함께 선물했다. 당시만 해도 비교적 건강한 편이라 건강에 그다지 관심을 갖지 않던 때라 작은 꼭지 제목과 서론과 끝부분만 대충 읽고 책을 덮었다. 그런데 지금은 육십 중반이 되다보니 소화력, 시력, 치아부실, 허리통증 등에 이상 증상이 나타나고 눈가 주름이 깊어진데다가 머릿결 또한 염색에 의존하는 나이가 되었다. 이제 겨우 하나님을 만나고 나서야 교회들에게 복음을 전해야 할 책무와 그로 인해 살아갈 이유가 분명하게 생겼는데 듣고 뒤돌아서면 자꾸 깜빡깜빡 잊는 기억력 감퇴 증상들로 초조해졌다. 그러다보니 텔로미어에 관심을 갖게 되었다.

현대의학의 눈부신 성과 덕에 이제는 100세까지 살 수 있는 '백세 시대'가 되었다. 그와 동시에 각종 성인병과 정체를 알 수 없는 세균(코로나), 슈퍼 박테리아(오미크론) 등 때문에 골골거리며 오래 사는 유병장수 시대로 진입되어 가는 것 또한 사실이다.

텔로미어(telomere)는 세포의 염색체 말단부가 풀어지지 않도록 보호하는 단백질 성분의 핵산 서열을 지칭한다. 그래서 세포가 한번 분열할 때마다 그 길이가 짧아져 그에 따라 세포는 점차 노화되어 죽게 되는 현상을 말한다.

우리 몸 안에 있는 모든 세포의 핵에는 23쌍(46개)의 염색체가 있다. 이 염색체들은 기나긴 DNA의 행렬이 실타래처럼 칭칭 감겨 만들어진 거다. 그리고 염색체를 구성하는 DNA는 성별이나 피부색부터 새끼손가락 길이까지 우리 몸의 모든 것을 결정짓는다. 우리가 세상에 태어나기도전부터, 그리고 이런 DNA의 일종인 텔로미어는 우리네 생(生)의 길이, 즉 수명과 직결되어 있다.

따라서 텔로미어는 자신의 수명이 얼마나 남았는지를 알려주는 '생체 시계다'

그 길이가 늘어날수록 앞으로 살날도 많아지고, 피부는 물론 혈관, 폐, 골격 등의 신체 나이도 젊어지게 된다. 그야말로 생로병사(生老病死)의 운명을 뒤집는 획기적인 생활 지침을 완성해 불로불사(不老不死)의 삶을 살도록 유도하고 있다. 누구도 자연의 이치를 거스를 수는 없다. 아무리 애타게 지난 시간을 돌려받기를 원한다 해도 시간을 거꾸로 돌릴 수 없다. 우리는 노화라는 병마와의 싸움에서 죽음은 불가피한 것이 아니라고 믿는 사람들한테 건강 백세는 필수다.

따라서 이제 나이는 거짓말이 되었다. '나이가 많다'는 말과 '늙었다'는 말은 동의어가 아니다. 나이가 많다는 것은 살아가기 위한 지혜와 노하우가 많이 쌓였다는 뜻이지만, 늙었다는 것은 그저 병들고 쇠약해졌다는 뜻이다.

노화는 운명이 아니라 흔히들 걸리는 감기처럼 치료하면 낫는 질병일 뿐이다. 노화는 예방할 수 있고 치유할 수 있다. 그러므로 세월 이기는 장사 없다는 말도 '텔로미어'에 있어서 이제 옛말이 되었다.

우리가 실존에서 경험하고 있듯이 인간들이 예측하고 예견하는 것들이 하나하나 들어맞아 가고 있다. 그리고 미래학자들의 예견이 거의 적중 되고 있다.

우리가 잘 아는 '제 3의 물결'의 저자 미래 학자인 앨빈 토플러가 주장한 것이 무엇인가? 그의 저서 'The singularity is near'라는 책에서 이제 30-40년 후면 인간이 죽음이라는 굴레에서 벗어날 수 있다는 거다. 왜냐하면 지금의 과학 기술의 수준과 발전 속도를 감안해서 볼 때 'The singularity' 그러니까 기술 변화의 속도가 상상 할 수 없을 만큼 빨라지게 되는 어떤 지점이 곧 오게 되기 때문이다. 그의 그러한 주장은 수학가속의 법칙에 근거한 아주 과학적인 근거다. 그러한 특이점이 지나고 과학 기술 수준이 상상 할 수없이 깊어지고 그 진보 속도가 빨라지게 되면 이제 인간들은 인간의 뇌를 기계에 업로드(upload)하는 방식으로 뇌 패턴을 보존하고 전승해 나갈 수 있게 된다고 했다.

만약에 인간의 육신에 무슨 사고가 생기면 그 인간의 뇌를 기계에 업로드 해서 다른 기계적인 몸으로 환생할 수도 있고 심지어 수십억 개의 보이지 않는 나노 로봇을 인간의 몸속에 집어넣어 인간의 생물학적 노화를 막을 수도 있다는 거다.

그리고 이제 튜링 테스트를 통과하는, 아니 튜링 테스트 정도가 아니라 인간의 지성과 감성과 인식·판단·추론·문제해결 능력 등 그 모든 것들을 능가하는 인공지능(人工知能 artificial intelligence)이 등장하여 인간의 지능과 결합하는 사이보그 시대가 곧 올 거라는 거다.

인간의 생물학적 지능과 컴퓨터 지능이 결합될 수 있다는 거다. 그렇게 되면 과학 기술의 발전 속도는 폭발적으로 빨라지게 될 것이어서 그때부터 인간의 죽음은 운명이 아니라 선택이 되는 것이고 기술과 정보의 가격대 성능비가 기하급수적으로 성장을 할 것이기 때문에 모든 기술들이 아주 싸져서 빈부의 격차까지도 없어지는 아주 살기 좋고 행복한 지상 낙원이 도래 할 것이라는 거다. 그런데 그렇게 될 날이 올까?

우리의 뇌가 사이보그처럼 컴퓨터의 지능과 결합하여 무엇이든 척척 풀어내는 그런 지능이 되는 게 좋은가? 우리의 몸이 수십억 개의 나노 로봇으로 가득 차 생물학적인 나와 기계적인 나가 결합이 되어 인간도 아니고 로봇도 아닌 사이보그가 되어 영원히 살 수 있다는 것이 행복한가? 그때가 되면 인간이 자기가 원하는 몸을 선택하여 취할 수 있게 된다. 그런데 그게 좋은가?

인간의 고독과 외로움과 공허함은 이 세상 그 무엇으로도 채워지지 않는다. 수명이 천년이 되고 이천년이 되어도 마찬가지다. 아무리 인간이 인공지능을 갖고 모든 문제들을 다 해결할 수 있는 존재가 된다 해도 똑같다.

그런데 그 상태로 영원히 죽지도 못하고 살아야 한다면 그게 지상 낙원이겠는가? 눈만 뜨면 내 이웃의 것을 탈취해서라도 끝없이 나를 업그레이드 하려는 좀비 같은 사람들이 눈을 부릅뜨고 나와 나의 소유를 노리는 그런 세상에서 영원히 사는 것이 복이라 생각하는가?

아니다. 그런 세상이 되면 인간들은 아무 걱정도 없이 편안하게 지상 낙원 속에서 살 수 있을 거라 속는다. 그건 인간이 몰라도 너무 모르는 거다. 칼 막스가 공산주의 이론을 내 놓았을 때 전 세계의 지식인들이 '과연 그러 하니라'하고 거기에 열광했다. 지상낙원이 올 것이라고 기뻐 뛰며 광분했다. 그러나 공산주의는 무려 1억 명의 희생자를 내고 역사 뒤로 사라져 가고 있다는 사실을 깨달아야 한다.

잘못지은 아호 때문에

한효안(서울동대문지사)

과거 내가 사업을 할 때 도움을 많이 주신 지인으로부터(관직서 정년퇴임) 아주 유명하신 분 이름만 대면 다 아는 분으로 부터 아호를 선물 받았다며 풀이를 한 사례가 있어 올려본다.

58년 戊戌생 개띠 '무항' 이라고 했다. 58년 무술(戊戌)생인 사람의 아호가 '무항'이다. 천간과 지지가 같은 년도에 태어나 좋을 때는 두 배로 좋고, 나쁠 때는 두 배로 나쁜 특성을 지니고 있다.
따라서 무(7,3)와 항(2,5,1)의 수리에서 이를 분석해 볼 때, 도리어 아호 자체가 흉재로 작용한다. 본인 스스로가 명예를 중히 여기는 사람이나 안타깝게 7.3에 의해 도리어 관재구설이 따른다. 또한 '항'에서의 2.5.1은 파재가 연속이다. 재물이 부족하고 부부 이별할 수 있으며 주위에 도움이 없이 자수성가하나 자식에게 애로가 많이 따르며 복이 없고 많은 횡액이 따른다. 그러므로 성공하는데 걸림돌이 많다. 2,5,1 위아래에서 재물과 아내, 아버지를 상극하므로 대단히 크게 작용을 한다. 심신이 허약하며 신병으로 고생하고 타향에서 전전하며 실패가 많다. 지략이 뛰어나나 중도에 좌절되고 재앙이 속출하며 부부풍파와 재물풍파가 상시 따르는 배합이었다.

이분의 이야기를 듣자니 아니나 다를까 1년 만에 직장에서 좌천되고 재물풍파는 말할 수 없다며 힘겹게 털어 놓았는데 이는 천간 지지가 같기 때문이다. 그뿐만이 아니었다. 부부관계 또한 소원해 져서 삶의 의욕이 없다고 했다.

이 분은 60평생 쌓아온 명예를 비전문가가 잘못 지은 아호 하나로 인해 모두 잃었다 해도 과언이 아니다. 누구든지 유명하고 학식 또한 대단한 사람이 이름을 지어주면 모두가 다 좋을 것이라고 착각을 하는 경우가 많다. 허나 서울대병원 의사라고해서 모든 병을 다 잘 고치는 것은 아니다. 모든 병에는 그것을 전공한 전문의가 따로 있지 않은가. 그런데도 착각하고 전문가를 구별하지 못해서 손해를 보며 사는 사람들이 너무나 많기에 참으로 안타까움을 금할 수가 없다.

그래서 옛정을 생각해서 좋은 아호를 지어 드렸더니 3개월이 지났을 즈음에 식사 한번 하자며 연락이 왔다. 다행히 조금 나아진 곳으로 이동이 있었고 가정적으로도 안정이 되어가고 있다면서 얼굴에 화색이 돌았다. 좋은 얘기를 들으니 너무나 반갑고 기뻤으며 또한 보람을 느꼈다

도널 트럼프의 이름분석

1946년생
15 192 28 295 67
도 널 트 럼 프
37 314 40 417 80

　Donald Trump 를 보통 '도날드 트럼프로 읽지만 도날드에서 'd'(드) 소리는 뒤에 오는 트럼프의 't'(트) 소리와 연결되어 나기 때문에 'd(드)'는 들리지 않는다. 즉, '도날드 트럼프'가 아니라 '도널 트럼프'로 읽는다.
　미국, 영국, 프랑스, 러시아 등 서양 사람들은 한문을 사용하지 않으면서도 이름을 갖고 있다. 재래식 기존 학설로는 서양인의 이름을 지을 수 없으며 또한 풀이 할 수도 없다.
　그러나 구성성명학은 파동성명학이자 소리성명학이기 때문에 어떠한 소리든지 이를 문자로 표기가 가능하고 또한 오행으로 생년과 이름을 대비하여 당사자의 운명을 가늠할 수 있다. 따라서 한글의 자음과 모음을 결합하여 소리성명학의 으뜸이라 할 수 있는 파동성명학인 구성성명학은 전 세계인의 이름뿐만 아니라 그 상품이나 상호, 제품에 따른 가치도 이름으로 충분히 분석할 수 있고 또한 지을 수 있다.

한글은 소리글자로 바로 소리에너지의 원천이 된다. 따라서 팔자에 없는 엄청난 힘을 발휘한다.

따라서 '도널 트럼프'의 이름을 풀이해 보면 '도'의 1.5가 부인과의 이별수를 나타내며, '널'의 1.9.2는 나를 중심으로 세력을 형성하여 문서(9)로 집합시키는 힘을 갖고 있다. '트'의 2.8과 '럼' 2.9.5가 부동산 재물을 축적하는데 일등공신의 역할을 담당한다. '프'의 6.7 또한 재물로 인한 명예가 뒷받침하나 이로는 약하고 지지에서의 4.0.4의 공이 도리어 크다고 볼 수 있다. 그렇더라도 지지에서의 3.7과 천간 1.5.1의 재물의 축적으로 인한 구설을 항시 달고 다닌다.

또한 이런 흉한 배합의 수리에 의해 무게 없는 처신과 때때로 즉흥적인 말 때문에 구설이 분분하고 독자적인 사고방식과 완강한 고집에 의해 감당할 수 없는 일들을 좌초한다. 무절제한 지출과 언행이 가벼워 용두사미로 끝나게 되는 일들로 인해 권좌에서 물러나면 그에 따른 관재가 많이 따를 것으로 예상된다.

1.2의 수리는 동화되는 기운에 의해 이를 잘못 판단하여 해석하여 도리어 배가 산으로 가게 된다. 그러므로 잘못 해석하면 실수를 초래하게 된다.

지지에서의 3.1.4로 인해 지혜와 사고력이 뛰어나고 또한 4.0.4에 의해 인내와 저력이 있는 통솔자의 풍격(風格)으로 무(無)에서 유(有)를 창조해 내려는 개척자의 기상이 왕성하다. 그렇더라도 3.7과 1.5.1의 작용에 의해 명성과 재물을 구가한 최고의 자리에 있으면서 인품에 대한 무게감은 결여되어 있다.

흉한 배합의 수리가 풍상고락을 겪게 하고 정상(頂上)을 향하여 발돋움하는 기운으로까지 작용하게 하나 도리어 그로인해 구설과 풍파를 달고 다닌다.

그렇더라도 중첩된 4.4를 인성(학문) 0이 제극하면 성품을 가다듬어 중후(重厚)함을 나타내려고 부단히 노력하는 편이다.

도널 트럼프의 이름을 총체적으로 풀이해 보면 길한 중에 흉이 작용하고 또한 흉중의 길이 작용하는 이름의 소유자다. 2.8.2는 부동산 축적에 최적인 수리배합이나 또한 복잡한 이성관계도 이러한 수리 배합에서 충분히 엿볼 수 있다. 2.8.2와 1.5.1에 의해 죽었다 깨어나도 한 여자와 오랫동안 관계를 유지하기 어려워 이로 인해 이성의 풍파와 재물의 풍파가 3.7에 의해 끊이지 않고 계속된다.

· 연락처 ; 010-2880-5835
· 이메일 ; Hansy0125@naver.com
· 사이트 ; http://동대문다지음.com

상호가 중요한 이유는

54년 갑오(甲午)생인 안문성은 오십 세전까지 공직에서 별 어려움 없이 생활했다. 부인 역시도 남편 뒷바라지와 아이들 뒤치다꺼리로 세상물정을 모르고 살았다. 사업을 하던 큰 처남이 부도가 나는 바람에 울며 겨자 먹기로 그가 하던 공장을 인수하느라 퇴직했다. 아파트 대출금과 퇴직금이 전부 투자된 사업에 올인 했으나 현상유지하기 조차 힘에 겨웠다. 그러던 어느 날 사업부진으로 위기에 몰린 남편이 심한 스트레스로 갑자기 병을 앓자, 그의 부인은 두려움이 앞을 가렸다.

병든 남편을 대신해 사업전선에 뛰어든 부인은 그야말로 얼마 지나지 않아 공장을 처분하고 조그마한 음식점을 하기로 맘먹었다. 남편은 공장에 투자된 금액이 아까워 자신의 병이 나을 때까지 만이라도 조금만 더 견뎌주었으면 하는 눈치였지만 부인은 그럴 여력이 없었다. 그렇지만 막상 음식점으로 전환하려고 보니 걱정이 앞섰다. 그래서 그 진위여부를 가리기 위해 나를 찾아 왔다.

"공장에 들어가는 인건비가 감당이 안되요."

버거운지 깊은 한숨을 내쉬는 입가에 씁쓸한 미소가 감돌았다. 불안의 그림자가 잔뜩 낀 모습을 바라보니 마음이 짠했다. 공장은 처음 시작단계에서 부터 상당히 고전을 면치 못했고, 그러다 보니 인건비 절약을 위해 밤늦은 시간까지 무리하게 뛰어다녀 병까지 얻게 되었다. 그나마 다행인건 적자는 면할 수 있어서 근근이 버텨갈 수 있었는데 병을 얻고 보니 심신이 피곤하고 고달 폈다. 사주명리로 사업적인 운세를 분석해보니 남편의 운기가 부인의 운세보다 좋았다. 그래서 혹시나 싶어,

"상호가 뭔가요?"

하고 물었다. 그랬더니,

"세울 가에 이룰 성, 가성(架成)실업인데요"

그 순간 상호에 문제가 있음을 감지했다.

"남편이 아픈 원인도 상호에 문제가 있는 것 같아 보입니다만……."

"네…엣? 상호 때문이라니요?"

친정오빠가 비싼 돈을 지불하고 지어온 상호기에 믿기지 않은 눈치였다.

"그 작명가는 스포츠신문에도 성명학 칼럼을 연재하고 있어 선생님도 아실만한 분인데요?"

물론 그가 누군지는 나도 가끔 그의 연재를 읽은 적이 있어 알고 있다.

"어쨌든 남편의 운세가 차츰 좋아지는 운세니 공장을 처분하지 말고 상호를 바꿔보는 게 어때요"

사업적인 운세가 도래했기에 자신 있게 말했다. 그랬더니 남편도 공장을 처분하는 걸 은근히 말리는 눈치라 새로운 상호를 의뢰하고 갔다. 처음 상호를 바꿀 때까지만 해도 반신반의하던 부

인이 3년 만에 다시 방문했다. 매우 반가운 표정에 활짝 웃는 모습을 보니 반가웠다. 다시 찾은 이유는 새로 태어난 손녀의 이름을 짓기 위해서였다.

"진즉 찾아뵈어야 했는데……."

말끝을 흐리는 옅은 미소 속엔 나에 대한 고마움이 가득했다.

상호를 바꾸고 얼마 동안은 계속해 고전을 면치 못했다. 그러나 왠지 상호를 바꾸고 나자, 자신감이 솟구쳐 자신도 모르게 최선을 다해 열심히 뛰었다고 한다. 무엇보다 남편의 병세도 호전되고 사업도 회복세를 보여, 지금은 공장을 개업한 이래 가장 바쁜 성수기를 맞이했다며 반갑게 소식을 전했다.

이렇듯 사업에 있어 영업에 강력한 작용을 하고 있는 것이 있다면, 그것은 사람들이 늘 불러주는 상호에서 발현되는 파동(소리)의 힘이다. 그러기 때문에 상호란 운세를 감지할 수 있는 매체로써 영업에 알파와 같은 중요 정보가 된다. 따라서 유형무형을 막론하고 세상에 존재하는 모든 것에는 소리(파동)가 있기 마련으로, 특히 성명학에 있어 상호의 존재 의미는 그래서 매우 크다.

구성성명학이 곧 사주성명학

박인규(서울금천지사)

역학이란 공부를 한지도 벌써 강산이 몇 번 바뀌었다. 그동안 성명학 공부를 비롯하여 갖가지 공부를 하였다. 성명학만도 꽤 여러 종류가 되었다. 전통작명, 즉 한자 수리로 작명하는 원형이정의 방식과, 8괘로 하는 주역성명학을 배웠지만 그런 작명방식이 왠지 흡족하게 마음에 썩 다가서지 못했다. 그러다가 우연찮게 다지음의 한글구성성명학을 알게 되었다.

유튜브에서 강의하는 'TV특강'이나 '성공하는 이름, 흥하는 상호' 책을 통해 배운 실력으로 주변사람들 이름을 풀어보았더니 너무나 잘 맞아 떨어졌다. 그래서 주안에 있는 다지음 본사로 찾아갔다. 그때 회장님과 면담을 하고 조금의 주저함도 없이 바로 그 자리에서 수강등록을 마치고 본격적으로 수업에 들어갔다. 그리고 막상 배우고 나자 그동안 배웠던 사주명리라든가 주역, 육효 그런 것과는 비교도 되지 않을 정도로 기가 막혔다. 정말 놀라운 것은 사주명리에 나타난 팔자 그대로 이름을 짓는 것을 보고 깜짝 놀랐다. 아니 어떻게 보면 사주팔자보다 이름이 정확하게 맞을 때가 더 많았다. 주변에 있는 지인들과 주변사람들 중에 부유하게 사는 사람들과 어렵게 사는 사람들의 이름을 풀어보면 영락없이 사주에 재물이 있는 사람은 이름 속에도 놀랍게 재물이 있었고, 사주에 재물이 깨져 있으면 이름 역시도 재물이 파괴되어 있는 것을 발견하고 무척 놀랐다. 이걸 우연의 일치라 하기엔 너무나 많은 수의 사람들의 이름과 사주가 일치하고 있었다.

그래서 이건 학문이라 말하기 전에 진리라는 생각이 들었다. 그야말로 다지음의 한글구성성명학은 내가 너무 과장되게 표현하는지 몰라도 내 보기엔 신(神)적인 학문 그대로였다. 성씨(姓字)에서 이미 타고난 운명을 가늠하듯 그 성을 기반으로 이름을 분석하다 보면 거의 사주와 맞먹는 운명을 예측하게 된다. 거기에 이름 두자에서 나타나는 수리배합까지 조화를 이루면 그야말로 사주 버금가게 당사자의 운명이 정확하게 나타난다.

성이 좋고 이름까지 모두 좋으면 최상의 이름으로 더 말할 필요가 없이 좋고, 성이 흉하고 이름이 좋으면 무난하게 살아간다. 그러나 성이 좋은데 이름이 흉하면 굴곡이 많은 풍파를 겪게 된다. 우리의 타고난 운명은 내 마음대로 바꾸고 살 수 없다. 그저 취길피흉(取吉避凶)에 의해 좋은 운은 취하고 흉한 운은 피해가는 정도로 그치지만, 구성성명학은 그렇지 않다. 바로 개운의 요체가 된다. 실제적으로 개명한 사람들의 얘기를 들어보면 이름의 힘이 얼마나 강하게 나타나는가를 자주 발견하게 된다. 어찌하였거나 다지음 구성성명학회와의 만남 자체가 인연법에 의한 인연이 아니었나 싶은 생각이 든다.

미래가 열려 있는 구성성명학과의 만남이 바로 나의 운명이었음을 믿어 의심치 않는다.

· 연락처 ; 010-8253-8558
· 이메일 ; mailiptb6656@naver.com
· 사이트 ; http://다지음금천.com

늘 배 고 파 하 라

　무엇보다 최고를 향해 가는 사람은 배고픈 상태로 빨리 돌아간다. 배고파야 굶지 않으려고 몸부림치고, 배고파야 게으름과 나태에서 벗어나고, 배고파야 또 다른 먹이를 찾아 움직이게 된다.
　결국 배고픈 상태를 유지해야 자신의 몸이 살아 움직인다는 것을 알게 된다. 문제를 개선하고, 일을 일답게 하려는 욕구가 있다면 인위적으로라도 자신을 늘 궁핍한 상태로 두어야 한다. 그래야 문제를 찾고 지혜를 내기 때문이다.
　그동안 나는 대구의 모(某) 파동성명학회로부터 2010년 초부터 2015년까지 갖가지 소송에 시달려왔다. 모든 소송에서 그들과 싸워 이겨왔고, 더 이상 싸울 '꺼리'가 없겠거니 했는데, 연이어 '파동성명'에 따른 권리범위확인이란 소송으로 나를 또 피곤하게 했다. 그때마다 전투 후에 소진된 배고픔을 채우기 위해 늘 무언가를 미친 듯이 준비했다.
　최고를 향해 가는 사람은, 배부른 상태로 있지 않는다. 배부르면 움직이기 싫어지기 때문이다. 배부르면 게으름과 나태함에 의해 다른 먹이를 찾지 않게 된다. 결국 배부른 상태로 머물러 있다가는, 자신의 몸도 열정도 멈추고 만다.

그러다 보니 십여년 전에 상표특허 무효소송에서 이겼을 땐, 주식회사 예지연을 설립해 저변확대를 펼쳤고, 상표금지가처분 신청을 해서 이겼을 땐, 파동성명학 책을 세권 집필했다.

처음엔 '파동성명' 권리범위에 따른 소송을 특허법원에 제출했다가 고소를 취하했다. 서로 치고 받고 싸우다 보면 결국 남는 것은 하나 없고 설혹 소송에서 이긴다 해도 거기에 투자한 시간과 노력이 아깝다는 생각이 들었다. 그동안 상표특허무효소송 및 상표금지가처분 인천지방법원과 항소심 서울고등법원 등 심지어 인천남부서에 상표권에 따른 고발까지 여러 건의 고소와 고발 등의 소송에서 이기다 보니, 거기서 터득한 지혜의 산물이라 생각했다. 그래서 소송으로 싸워 이길 바에야 차라리 그 시간에 학회사업에 분발하는 것이 진정으로 상대편과의 싸움에서 이기는 것이라 생각되어 고소를 취하했다.

그런데 최근 들어 도리어 내가 소송을 제기했다. 이는 학회를 지키고 보호하기 위해서는 앞서도 잠깐 언급했지만 어쩔 수 없는 판단이고 결정이었다. 그렇지 않으면 학회를 이끌어 갈 수 없기 때문이다. 소송이 시작되면 그것처럼 피곤하고 정신적인 소모전은 없다고 본다. 그럼에도 소송을 제기한 이유에는 혹여라도 다른 곳에서 상호와 상표만 바꾸고 구성성명학의 이론으로 영업을 시도하려는 생각들을 갖고 있는 사람들이 있기 때문이다. 이를 바로 잡지 않으면 똑같은 일들이 수시로 발생하기 때문에 한번쯤은 겪고 넘어가야 할 문제라서 소송에 돌입했다. 이번 분란을 통해 느낀 것이 있다면 한 때 다지음의 식구였던 사람들과 다투는 것이 얼마나 피곤하고 가슴 아픈 일인가? 그걸 체험하게 해준 산 경험이어서 그래서 마음이 매우 불편하고 힘겨웠던 상황이다.

오랜만에 소송을 계기로 다시 배고픈 상태로 돌아가다 보니 그동안 잠자고 있던 나의 전투력이 다시 발동되어 2023년 12월까지 학회사업에 더욱 일로 매진해야겠다는 결심을 더욱 확고히 다지게 되었다.

아! 얼마 만에 가져보는 배고픔인가!

외국인 이름도 풀이가 가능하다

중국 수석 덩샤오핑

- 중국인
977 51 73 457   967 53 427
덩 샤 오 핑   등 소 평
311 95 17 891   301 97 861

구성성명학은 소리성명학이기 때문에 이름에서 발현되는 파동이 태어난 년도와 이름을 오행으로 분류하여 육친을 대입하면 그 사람의 운명이 어느 정도 예측된다. 그런데 많은 사람들이 외국인 이름을 풀이할 때 나라마다 발음상의 표현이 조금씩 다 다른데 어느 것을 기준으로 이름을 정해야 하느냐고 묻는 이들이 많다.
위의 중국 수석의 이름처럼 중국식 발음으로 하면 '덩샤오핑'인데 우리나라에서는 '등소평'으로 부른다. 이럴 경우 어느 것이 맞

냐는 거다. 어느 것으로 하든 간에 내 귀에 들리는 발음 그대로 하면 된다. 내가 십여 년 전에 '이름이 성공을 좌우한다.'의 책에 덩샤오핑의 이름을 풀이한 적이 있다. 당시 내 귀에 등소평의 이름이 '덩샤오핑'으로 들렸다.

각설하고 이러한 의문이 제기될 때 첨언한다면 '덩샤오핑'과 '등소평'에서 공통분모를 찾으면 된다. 이 두 개의 이름에서 무엇이 같은가?

7.8이 중첩되어 있고, 3.4가 중첩되어 있으며 2.7이 두 이름에 모두 들어 있고 1.5도 똑같이 들어 있다. 이게 바로 이 이름의 전체적인 풀이가 된다. 따라서 당시 내 귀에 들렸던 '덩샤오핑'으로 풀이했을 때와 등소평으로 풀이했을 때 똑같은 해석이 나왔다.

1904년인 덩샤오핑은 의지가 굳고 매우 지적인 농부 출신으로 프랑스서 유학한 공산주의 혁명가다. 그는 누구보다 체구가 극히 작았지만 쓰촨성 광안의 한 마을에나, 세계에서 인구가 가장 많은 나라의 거대한 인물로 부상하였다.

그의 이름 '덩'의 9.7.7은 편인성 9가 관성 7로 상생되면서 프랑스 유학을 꿈꾸게 했으며, 학문에 대한 열정이 강하게 나타나다 보니, 프랑스 유학시절 르노 자동차에서 트랙터를 만드는 금속 노동자로 일하게 했다.

'샤'의 5.2에서 보면 중첩된 관성 7.7이 편재 5로 이어져 오면서 경제에 대한 논리를 고조시켰다고 볼 수 있다. 무엇보다 그 시절 자본주의가 어떻게 유지되는지를 이해하는 중요한 계기가 되었다.

'오'의 7.3은 겁재 2가 편재 5를 상극하는 것을 7이 극제시키므로 재성 5를 살려준 묘미가 특이하다. 무엇보다 이러한 이름의 영향으로 1926년 모스크바 중산 대학에서 수학하였고, 1929년 정치위원이 되고 나서, 1945년 공산당 중앙위원이 된 후 그의 입지는 날로 더해갔다. 심지어 국무원 부수상. 재정 부장. 당 정치국 상무위원 겸 총서기. 중소 회담 중공 측 대표단장 등을 역임하면서 중국내 그의 위상은 높아만 갔다.

또한 1957년 반우파 투쟁에서 마오쩌둥을 공식적으로 지원한 후, 공산당 비서장이 되었고, 대약진 운동의 실패로 인한 아사 사태로 마오쩌둥에게 비판의 화살이 쏟아지자, 그로인해 그는 더 큰 권력을 장악하게 되었다.

이 또한 '핑'의 4.5.7에서 보면 상관 생재가 명예 관성으로 이어지면서 그가 실질적인 권력을 쥐게 되었고, 그때 합리적인 생각에 근거한 경제개혁이 시작되었다고 할 수 있다. 또한 이로 인해 당 조직과 전체 인민 사이에서 세력을 키울 수 있게 되었다. 중첩된 식상 3.4가 관성 7을 파극하므로 1966년 문화혁명을 개혁하다 그로인해 실권하였다. 그렇더라도 바로 연결되는 4.5.7의 영향으로, 1973년 부수상으로 다시 복권되었다.

무엇보다 후천운을 주관하는 지지 명은 '덩'의 3.1.1은 승재관으로, 당 부주석 겸 정치국 상무위원이 되었다. '샤' 1.9와 '오'의 2.1은 나를 중심으로 세력이 확장되다보니 1976년 천안문 사태로 실각하였지만 이듬해 다시 전 직위를 회복하였다. 당시 그가 겪은 가장 큰 고초 중에 하나는 편관(자식) 7을 중첩된 3.4가 이를 상극하여, 홍위병에 쫓겨 이리저리로 도망 다니던 큰 아들이 추락사고로 장애인이 된 것이다. 그가 1982년까지 당 부주석. 참모총부수상. 당 중앙 군사위원회 주석 등을 지냈다. 1987년 중국 당 국가 중앙 군사위원회 주석. 정치국 상무위원. 공산당 중앙 고문위원회 주임을 겸직하여 중공 최고 정치 실력자로 군림한 것을 보면 후천운 '핑' 8.9.1의 공로였다고 볼 수 있다.

1979년에서부터 1994년 은퇴하기 전까지 그의 개혁은 어디에서도 볼 수 없는 인류 복지 향상의 가장 큰 영향을 가져왔다. 공산주의 틀 안에서 외국 자본에 경제를 개방하였고 시장을 개방했다.

퇴임 후 1997년 2월 19일 장쩌민을 권력에 중심에 올려놓은 후, 오랜 동안 노환과 숙환에 시달리다 베이징에서 사망하였다.

그는 세 번의 결혼을 했는데, 첫 번째 부인은 첫아이를 낳고 며칠 뒤 죽었고, 두 번째 부인은 1933년 정치적인 공격을 받게 된 후 떠났다. 세 번째 부인과 1939년 재혼해서 2남 3녀의 자식을 두었듯이 이 또한 후천운에 집중적으로 중첩된 1,2의 영향 때문이라 할 수 있다.

배우 패릴 힐튼

— 미국인
94 525 325 516
패 릴 힐 튼
94 525 325 516

패릴 힐튼은 전 세계에 체인을 두고 있는 힐튼 호텔(Hilton Hotel)의 상속녀로 유명한 배우다. 2021년 사업가 겸 방송인 카터 리움과 교제 1년여 만에 약혼하고 결혼까지 했다. 이 또한 '패'의 9.4가 말해주듯, 40번째 생일에 프러포즈를 받았는데 10억 원이 넘는 다이아몬드 반지로 큰 화제가 되었다. 아울러 '릴'의 5.2.5는 태어나면서부터 호화로운 인생을 말해주고 있을 뿐 아니라 어린 시절부터 각종 사업을 시작하는데 일등공신의 수리배합으로 한몫했다.

한동안 그녀는 미국 최고의 막장 자리를 놓고 린제이 로한과 경쟁을 벌였지만 패릴의 유명세를 딛고 그 불명예스러운 승리는 모두 린제이 로한이 차지했다. 이러한 스캔들도 알고 보면 이름에서 발현되는 기운 때문이라 할 수 있다.

패릴 힐튼는 81년생이다. 81년생은 천간과 지지가 같아 이름이 좋으면 두 배로 좋고 흉하면 두 배로 흉하다. 그러다보니 '패'의 9.4는 숨은 남자도 되지만 명예도 된다. 연예인한테의 명예는 인기와 비례하기 때문에 돈과도 연결된다. 9.4의 영향 때문인지 파티광으로 소문이 났다. 보통 사람이라면 지쳐 쓰러질 법도 한 호화 파티를 비행기 타고 미국 각지를 이동하며 즐기는 것도 어떻게 보면 '릴'의 3.2.5의 영향 때문이다.

영화배우로서 재능이 있기에 앞서 TV 프로그램에 패리스의 관련된 스캔들이 자주 등장하다보니 그로인한 흥행은 항상 저조했다. 뿐만 아니라 그녀의 파티 스케줄은 거의 전국구 정치인들에 맘먹을 정도로 거의 매일 있다시피 한데 얼핏 보면 말라 약해 보이지만 매일 피트니스 센터에서 두 시간씩 운동하기 때문에 체력은 매우 강하다. 2.5의 수리가 반복된 때문인지 그것도 자비로 파티를 연다고 하니 그 금액이 가히 상상을 초월하고도 남음이 있다.

아울러 성에 해당하는 '튼'의 5.1.6은 상속녀로서 많은 재산을 상속받았더라도 '힐'의 2.5가 발현되어 그런지 보통 사람들이 취미로 하는 게임 프로게이머를 그녀는 직업으로 할 정도로 그에 따른 지출도 천문학적이 숫자라고 했다. 이와 같이 미국 사람들은 그야말로 어쩌다 한번 하는 파티를 그녀는 날마다 즐기고 있는 것도, 그녀의 이름에서 충분히 엿볼 수 있다. 그녀가 파티를 즐기는 것도 일종의 비즈니스라고 했다. 호화 파티에 특정 상품을 들고 나와 자신의 모습과 함께 사진 찍히는 것을 일부러 즐기는 그것 또한 '패'의 9.4는 연예인한테는 숨은 명예가 바로 인기와 직결된다. 따라서 패릴 힐튼은 엄연한 사업가다. 그러므로

'릴'의 5.2.5는 재물적인 운세로 가장 좋은 배합에 해당하기 때문에 무리다 싶을 정도로 파티를 벌이는 것도 이러한 그녀의 사업수완이란 평이 나돌고 있다.

한때 패릴 힐튼이 수감되었다 출소하는 일로 온 언론에서 앞다투어 경쟁하는 바람에 정작 중요한 뉴스가 뒤로 밀릴 정도로 스캔들 메이커로 유명한 배우다. 재미있는 사실은 패릴 힐튼은 신문이나 뉴스에 자기에 대한 얘기들이 가십거리로 오르내리는 것을 매우 즐긴다는 후문도 있다.

소설가 미우라아야코

- 일본인
13 57 89 59 59 01
미 우 라 아 야 코
79 13 45 15 15 67

소설가로 유명한 22년생 미우라아야코는 인간의 원죄와 용서를 그린 '빙점'을 출간하면서 국내서도 300여회가 넘게 번역 및 출간이 이어졌고 드라마로도 제작되어 상당한 인기를 끌었다. 모르긴 몰라도 송혜교, 송승헌 등도 이 작품에 출연하므로 일약 스타덤에 올랐고 인기도 급부상했다고 볼 수 있다.

따라서 미우라아야코의 이름을 분석해 보면 '미우'의 1.3.5.7이 그의 재능을 잘 말해주고 있다 보니 일본서 단행본으로 출간되어 71만 부라는 판매 부수를 기록하고 드라마로도 제작되어 큰 호평을 받았다. 그런데 그러한 원인이 9.5.9의 좋은 배합이 반복적으로 나타나 문서로 인한 호재를 누린 것이 아닌가? 그렇게 생각된다. 왜냐하면 9.5.9의 수리 배합은 학문이나 문서를 다루는 일에 퍼펙트한 수리 조합으로 남을 가르치는 직업이나 부동산 계통에서 활동할 때 그 진가가 두 배로 나타나기 때문이다.

그래선지 미우라아야코는 초등학교 교사로 7년간 근무했다고 한다. 이후 폐결핵 진단을 받아 투병생활을 하던 중, 절실한 기독교 신자인 친구의 영향을 받아 세례를 받았다. 그리고 1959년 미우라 미쓰요와 결혼하므로 집필에만 전념했다. 그 결과로 1961년 잡지에 소설을 투고하며 등단했고 이후 1963년 아사히신문사 주최의 1,000만엔 현상 소설 공모전에 소설 '빙점(氷点)'이 입상하면서 커다란 화제를 불러 일으켰다.

이 또한 지지에서 발현되는 5.1.5의 재물적인 배합으로 가장 좋은데 이러한 수리가 반복으로 나타나다보니 엄청난 부를 누릴 수 있었던 일등공신이 되었다. 이후 지지에서의 중첩된 3.4가 정신세계에 일조를 가하므로 기독교 신앙에 몰두했고 사랑과 평화를 주제로 한 작품 활동에 집중했다. 그러다가 77세에 복합장기부전으로 생을 마감했다.

홋카이도 아사히카와에 위치한 미우라 아야코 기념문학관에는 집필 당시의 원고와 방대한 양의 취재 노트를 비롯한 각종 자료가 지금도 전시되어 있다고 한다.

예능인 우에하라 미유

- 일본인

02 09 94 14 68 02
우   에   하   라   미   유
80 87 72 92 46 70

87년생인 우에하라 미유가 일본에서 '가난한 아이돌'이란 컨셉으로 인기를 모았던 그가 24세에 자택에서 목을 매어 사망한 사건이 발생했다. 그녀는 숨지기 전 자신의 블로그에 연애 문제와 관련된 고민을 적어놓았던 것으로 전해졌다. 산케이신문 등 현지 언론에 따르면 우에하라가 방 문에 스카프와 벨트를 걸어 목을 맨 상태로 새벽에 발견되었다. 평소 우에하라와 친분이 있던 남성이 이 같은 모습을 발견해 경찰에 신고했고 즉시 병원으로 이송됐지만 이미 심폐정지 상태였다고 한다.

이름에 9.0이 무리지어 있거나 9.0이 3.4를 반복적으로 나타나면 극단적인 선택을 순간적으로 하게 된다. 3.4는 나의 생각과 두뇌인데 9.0의 의해 극을 받으면 정신질환에 걸리거나 우울증에 시달린다. '에'의 0.9와 '하'에 9.4가 바로 자살로 이어지게 한 원인으로 보여 진다.

그녀가 자살하기 전 '정말 난 사랑을 할 수 없나보다'란 내용의 블로그 글을 남긴 것으로 미뤄 연애문제로 인한 비관인 것으로 경찰은 추정하고 있다.

보도에 따르면 우에하라는 자신의 블로그에 '현실적인 얘기'라는 제목의 글을 남겼고, 이 글에서 '사랑이 많은 여자였던 내가, 사랑하는 방법도, 연애하는 방법도 정말 알 수 없게 돼버렸다'고 적었다고 한다.

그녀는 또 '좋아하는 사람이 있다면 너무 행복해서 밥도 목구멍으로 넘어가지 않고, 하늘을 날고 싶은 기분일 것'이라며 '빨리 결혼하고 싶은데 지치고 초조하다'는 내용의 글도 남겼다.

이 또한 지지에서 발현되는 중첩된 관성 8.7.7이 이성에 대한 목마름으로 나타나고 있다. 아울러 이러한 8.7.7이 내 세력인 2를 사정없이 극파하므로 자신은 물론 형제 덕이 없음을 예고하고 있다. 우에하라가 일본 예능프로그램에 출연하여, 10남매 중 막내로 태어나 부모, 형제들과 모두 한 방에서 숙식했고, 돈을 벌기 위해 고등학교를 중퇴하고 술집에서 호스티스로 일한 적이 있다고 고백했다고 한다. 뿐만 아니라 중첩된 8.7.7.2는 자기 스스로를 상해하는 기운이고, 천간의 0.9.9.4가 정신적인 불안정을 초래하므로 극단적인 선택을 하게 한 원인으로 작용했다.

그동안 우울증으로 자살을 선택 하는 이름들을 분석해 보면 거의 대부분 9.0이 3.4을 반복적으로 보고 있는 경우에 흔하게 나타나는 증상들이다.

그나마 미유의 천간 6.8.0.2와 지지의 4.6.7.0의 상생으로 잘 흐르고 있어 예능인으로서의 인기를 끌었다고 볼 수 있다.

러시아 대통령 푸틴

- 러시아인
24 89 73 13 17 837
브 라 디 미 푸 틴
80 45 39 79 83 493

러시아 대통령인 블라디미 푸틴은 세계 언론들이 주로 '푸틴' 대통령으로 부르고 있다. 요즘 세계는 온통 푸틴 대통령의 우크라이나에 특별군사작전 개시로 온 세상이 떠들썩하다.

52년생인 푸틴은 러시아 연방의 제2대 대통령이자 독재자이다. 푸틴의 이름은 숨은 재물과 여자를 나타내는 천간 1.7과 명예와 권력을 주관하는 8.3.7이 있는데다 지지는 통치권자의 이름에 흔히 나타나는 8.3과 명예를 주관하는 4.9.3의 구조로 이루어져 있다.

그는 1999년 총리 겸 대통령 권한대행으로 취임한 이래 현재까지 장기집권의 대통령이 되었고 한동안 포브스에서 가장 영향력 있는 인물 1위로 기록되기도 했다. 2020년에 개헌국민투표 개헌안이 통과되어 그야말로 2036년까지 집권이 가능해졌는데 그의 나이를 감안하면 사실상 종신집권이나 다름이 없다.

푸틴은 1952년 소련 레닌그라드의 가난한 노동자 가정에서 태어나 어린 시절 노동자들의 낡고 허름한 공동 주택에서 자랐다. 그러나 그는 청소년 시절 레닌그라드 국립대학 법학부에 입학하면서 그 후로 정보계에 발을 들였다. KGB 행정부서와 국내담당부서에서 근무했다.

그의 이름 '틴' 8.3.7과 4.9.3의 영향으로 정보업무에 종사했고 그러는 가운데 보리스 옐친 시절, 다 망해가던 러시아를 경제적으로 발전시킨 공로가 인정되어 보리스 옐친으로부터 정치 능력을 인정받아 정치에 입문했다.

그렇지만 그때까지만 해도 러시아 사람들은 푸틴에 대해 잘 몰랐다. 그러다가 1999년 옐친대통령의 후계자로 지목하면서 서서히 알려지기 시작했다. 무엇보다 러시아에서 푸틴을 대체할 만한 후보, 즉 푸틴의 강력한 지지 기반과 견줄만한 후보가 없기 때문에 계속해서 푸틴은 높은 지지율로 당선이 될 수밖에 없었다. 그의 인기 비결은 '푸'의 1.7의 수리배합으로 인해 경제가 살아난 때문이다. 또한 지지의 8.3은 대통령의 이름에서 흔히 나타나는 배합이다. 일반인은 3.4가 7.8을 보면 직업이 없고 구설이 따르고 명예가 실추되기 마련이다. 그러나 대통령은 관(官)을 통치하는 최고 통치권자다. 그러므로 도리어 3.4가 7.8(官)을 극제해야 대통령이 될 수 있다. 그래서 우리나라 대통령이나 외국 대통령의 이름을 분석해 보면 거의 3.4가 7.8을 보고 있는 것이 공통적으로 나타나고 있다.

무엇보다 2015년 여론조사에서 푸틴에 대한 지지율이 사상 최고치인 89.9%를 기록할 정도로 러시아 국민들이 푸틴을 절대적으로 지지하고 있는 것도 어떻게 보면 푸틴의 이름 '푸'의 1.7과 '틴'의 4.9.3과 지지에서 발현되는 8.3과 4.9.3에서 이를 여실히 증명하고 있다고 본다.

팝의 여왕 마돈나

마돈나는 오랜 동안 암으로 고생하던 어머니가 6살 때 세상을 떠나는 아픔을 겪게 되면서 불우한 어린 시절을 보냈다. 그렇지만 이름에서 나타나는 '마' 7.5는 재생관(재물이 명예를 생해주는 길성)의 영향 때문인지 자기 발전을 위한 계책을 마련하기 위해 중, 고등학교 시절부터 연극배우로 활약했다. 뿐만 아니라 미시간대학 무용과에 장학금을 받고 입학해 공부하던 중, R&B 밴드의 드럼 주자인 브레이를 만나 순회 연주를 하며 싱어로서 경험을 쌓아 갔다.

이름에서 나타나는 3.5의 식신생재(재물을 생해주는 길성)로 인해 예능적인 기질을 발휘한 때문인지 70년대 중반 디스코의 열기가 한창일 때 패트릭 헤르난데즈(Patrick Hernandez)의 오디션에 싱어 겸 댄서로 발탁된 것이 스타덤에 오르는 발판을 굳히게 되었다.

마돈나는 이름에서 예시하듯 가수로서 부와 명성은 크게 얻었지만, '돈' 3.7.3의 영향으로 결혼과 이혼을 반복적으로 경험하는 불운을 겪었다. 여성의 이름에 관성(남편) 7이 식신 3이 위, 아래에서 상극하면 남편 덕이 없어 끝까지 해로하기가 어렵다. 그렇더라도 이름의 끝자 '나' 3.5 또한 식신생재로 늦도록 재물적인 운세는 매우 왕성하리라 본다. 무엇보다 이름에 3.4가 많으면 성정이 착해 남에게 베풀기를 잘하나, 자기의 뜻이 관철되지 않으면 '욱'하는 성격으로 주위를 불안하게 하거나 돌발적인 행동으로 주변에 빈축을 사게 된다. 마돈나의 경우 태어난 년도가 천간 지지가 똑같아 이러한 특성이 두 배로 나타나는 경향이 짙다.

요절한 마이클잭슨

세계적인 가수이자 작곡가 겸 댄서로 1980년대 초에서 중반까지 세계적으로 인기를 누렸던 마이클 잭슨은, 록으로 매우 유명했던 음악가족이다.

마이클의 아버지 조셉은 자녀 다섯 형제로 '잭슨 파이브'(Jackson 5)라는 화려한 어린이 스타 그룹을 만들었다. 현란한 의상, 부풀린 흑인 헤어스타일, 활기찬 안무, 젊고 풍부한 감성을 자랑하며, 잭슨 파이브는 곧 성공을 거두었다. 이는 마이클의 이름에서 알 수 있듯이 '마' 7.5가 이를 증명하고 있다. 그는 〈스릴러 Thriller〉를 발표했는데,〈스릴러〉는 여러 명의 게스트 스타들을 포진하고 그를 세계적 슈퍼스타로 격상시켜준 역작으로 4,000만 장 이상 판매되었고, 8개의 그래미상 수상 기록을 세우는 등 수많은 상을 수상했으며, 사상 최다 판매 앨범이 되었다. 이 또한 '클' 6.0.4는 중첩된 인성 9.0을 재성 5가 억제시켜주고 명예를 나타내는 7이 재물을 나타내는 편재 5를 재생관으로 상생시켜주어 일찌감치 그 명성으로 인한 재물을 이루었다. 무엇보다 '클' 6.0.4가 '이'에 자음 1에 의해 생을 이루는데다 모음 9와 '클'의 모음 9의 중첩된 인성을 5가 극제 시켜주어 엄청난 부(富)를 이루었다. 그럼에도 불구하고 '마' 의 모음 5가 '이' 의 자음 1에 의해 극을 받게 되자, 우리에겐 힘과 용기, 즐거움을 주는 훌륭한 뮤지션이었지만 그의 인생은 결코 순탄하지만은 않았다.

'클'의 받침자 4를 '잭'의 자음 첫소리 0이 반항의 특성 4를 극제 시켜 주어 명성을 주관하는 관성 7.8을 살려준 까닭으로 풀이할 수 있다. 그럼에도 불구하고 '잭'의 0.1.5는 1994년 비밀리에 엘비스 프레슬리의 딸인 리사 마리 프레슬리와 결혼했으나 결혼은 2년이 안 되어 끝났다. 이후 잭슨은 다시 결혼하여 아이들을 얻었으나 이 결혼 또한 이혼으로 끝나고 말았다.

그러면서 잭슨의 별나고 은둔적인 사생활은 논란의 대상이 되기 시작했다.

1993년 잭슨은 알고 지내던 13세 소년에게 어린이 성추행으로 고소당해, 명성에 심각한 타격을 받았다. 민사소송은 법정 밖에서 합의되었다.

그러면서도 잭슨은 '잭' 받침 자음에 해당하는 5가 '슨' 9.9.3의 중첩된 9.9를 극제시켜 주고 또한 3을 9가 극제시켜주므로 인해 명예를 주관하는 관성 7.8을 잘 살려주어 그로인한 영향으로 인해 '팝의 제왕'으로 세계적으로 인정받았다고 할 수 있다.

2009년 컴백 공연을 준비하던 마이클 잭슨은 6월 25일 자택에서 심장마비 증세를 보여 LA의 한 병원에 후송됐지만 사망하게 된 원인도 己丑년의 운세에서 여실히 증명해 보이고 있다. 이름 원명의 이러한 운명적 요인에서 2009년도의 운 또한 겁재에 해당해, 재물을 탈재하는 중첩된 2의 기세가 두 배로 가중되다 보니 결국 사망까지 이르게 된 것이다. 이렇듯 이름에서 나타나는 운명적 요인은 무서우리만치 정확하게 작용하고 있다.

책을 마치면서

　그동안 수십 년간 많은 사람들의 이름을 분석하면서 느낄 수 있었던 것은 타고난 운명대로 이름을 짓고 또한 그 파동에 의해 이름의 길흉이 나타난다는 사실이다. 타고난 운명은 불변의 숙명이라 인간의 힘으로 바꿀 수 없지만 이름은 개명으로 얼마든지 전활 시킬 수 있다. 그런데도 많은 이들이 이름을 무시하고 살고 있다면 그것처럼 안타까운 일은 없다.
　더욱이 개명이 점차 늘어나고 있는 현시점에서 이름의 중요성을 인지하고 어느 것이 올바른 학설인가 분명하게 깨달았음 하는 바람을 갖고 이 책을 서둘러 출간했다. 남의 이름을 잘못 지어 그 당사자의 운명을 그르친다면 이는 누구의 책임이며 또 누구의 잘못인가! 바로 이름을 잘못 지어준 작명가의 잘못이고 책임이다.
　그러다 보니 그 어느 때보다 개명이 늘고 있는 시점에서 우리 학회의 저변확대의 시급함을 느끼고 학회 운영에 더욱 박차를 가했다. 그래야 단 한사람이라도 잘못된 이름으로 개명하게 되는 일이 없기 때문이다. 시중에 성명학의 이론서가 너무 많다보니 이름을 해석함에 있어 각자의 이론이 다 달라 고객들만 혼란에 빠트린다.

  그래서 시중에 나돌고 있는 책을 보면 하나같이 일방적인 해설만 주장했지 그 원론이 어디에 근거하여 어떻게 이론이 정립되었는지에 대해서는 속수무책으로 방치되어 있다. 무엇보다 성명학의 종류가 다양하다보니 책을 읽는 독자들은 이를 어떻게 해석되고 이를 어떻게 이해해야 하는지를 잘 모른다. 그러나 한글구성성명학은 사주 푸는 방식을 성명학에 그대로 접목하여 정립된 이론이기 때문에 굳이 사주를 보지 않아도 이름만으로 충분히 사주팔자를 풀어내듯 정확하게 운명을 예측해 낼 수 있다. 이는 다지음 학회에서 이름상담을 받아본 사람이라면 거의 느끼는 공통적인 생각일 게다. 특히 이러한 뚜렷한 이론체제를 중심으로 그동안 전국의 지사장들의 입을 통해 충분히 검증되고 입증되었다. 그러기에 어느 누구라도 구성성명학의 이론체제를 부정할 사람이 없다. 아니 거의 대부분 이를 인정하고 공감하게 된다.

  무엇보다 이름에는 파동의 에너지가 담겨있다. 소리의 힘에는 우주의 원리와 인체의 생리구조가 맞물려 있기 때문에, 생리 활동을 촉진시키는 눈에 보이지 않는 영기(靈氣)가 있다. 우리 인간의 운명에 강력한 작용을 하고 있는 것이 있다면, 그것이 바로 이름인데 이러한 파동에는 사람의 마음을 움직이게 하는 운력이 발생한다. 이러한 점을 미루어 한글은 소리음이기 때문에 그야말로 불러주는 이름(소리)에 의해 성공과 실패가 좌우된다. 그러기 때문에 이름을 함부로 지어서도 가볍게 여겨서도 안 된다.

2022년 5월
예지연

부록

(사단법인) 다지음 한글구성성명학회 활동 계획

1. 법인 사업 계획
   가. 사업 목표
   - 한글구성성명학에 관한 학술연구
   - 한글구성성명학 교육 및 교육자료, 관련서적 발간
   - 한글구성성명학에 관한 학술강연 기타 회원 상호간의 친목 및 공익에 관한 사업
   - 기타 법인의 목적 달성에 필요한 사업

2. 사업기대 효과
   - 한글구성성명학 연구를 통하여 학회발전에 기반 조성
   - 구성성명학 분야 전문가 양성 및 교육을 통한 학회 대중화에 기여
   - 세미나 및 다양한 교육을 통한 학회 발전에 기여
   - 한글구성성명학 관련 출판을 통하여 학회보급에 기여

3. 사업추진 전략
   가. 교육내용
   - 훈민정음 해례본을 바탕으로 한글구성성명학 발전 방안 연구
   - 훈민정음 해례본에 나타난 음양 오행사상 연구
   - 훈민정음 해례본의 자음발음에 따른 한글구성성명학 연구
   - 발음오행의 다수설(술사오행) 및 소수설(정음오행)에 대한 연구

- 한글구성성명학의 체계 정립 및 발전 방안연구
- 한글구성성명학의 효율적인 보급 방안 연구

나. 한글소리작명법(한글구성성명학) 박사논문 발간
   노선경박사(다지음경북총괄지사장)

4. 한글구성성명학 전문가 양성교육 과정
   가. 한글구성성명학 대중화를 위한 상담사 양성교육
      교육과정 : 총 20시간(연장수강 10회 가능)
      인   원 : 1회당 20명
      교육방식 : 온라인 강의(ZOOM) 및 오프라인 강의
      수 강 료 : 330만원(부가세 포함)
      시   간 : 매주 화요일 (ZOOM 강의)
                통변(오전 11시-13시)
                기초(오후 15시-17시)
      강   사 : 예지연 or 강의권이 있는 지사

5. 정기 모임 및 세미나 개최
   가. 회원기준
      - 다지음 지사회원(다지음 가맹지사 계약자)
      - 다지음 상담사회원(다지음 작명상담사 자격증 소지자)
      - 일반회원(구성성명학에 관심 있는 자)

   나. 정기모임
      - 한글구성성명학의 발전 방안 토론
      - 애로사항을 수렴하여 관련기간 건의
      - 한글구성성명학의 발전 방향을 모색

- 다양한 공동 사업 추진 기반 마련
  (정기모임 전체 년 1회. 지역별모임 년 1회)

다. 세미나 개최
- 한글구성성명학 관련 연구 및 동향 관련 세미나
- 한글구성성명학 발전을 위한 정보 제공
- 구성성명학 최근 연구관련 정보제공
- 구성성명학 체계 정립 및 위상 강화를 위한 다양한 발전방안 마련(년 1회)

라. 모임 및 개최 장소
- 강릉 다지음연수원(전체모임 및 지역별 모임)
- 인천본사 사무실(지역별 모임)

마. 참가비
- 지사(3만원)
- 연구원(2만원)

6. 도서출판 다지음 출판등록에 따른 계획

가. 한글구성성명학회 홍보서적 출간
- 국내외 인기 성명학 분야 교재 출간
- 일반인도 혼자서 익힐 수 있는 흥미유발의 서적
- 다양한 분야에서 활용 가능한 서적 출간

나. 전국서점의 효율적인 보급을 위한 방안
- 교보문고 구매 시(20% 할인혜택)
- 교보문고인터넷 구매 시(서점 10%. 다지음본사 10% 할인)

- 교보문고 구매 시 영수증(010-3024-0342) 문자로 발송
- 필히 구매자 할인금액 환급받을 계좌번호 기재
• 도서출판 다지음서 구매서 정가 판매

다. 교재 및 홍보물 제작

7. 회원모집 및 가입비
    가. 기존회원
        • 다지음 지사회원(다지음 가맹지사 계약자)
        • 다지음 상담사회원(다지음 작명상담사 자격증 소지자)

    나. 일반회원
        • 구성성명학에 관심 있는 모든 자

    다. 회원 가입비
        • 총괄지사 및 강의권자 - 매월 110,000원(부가세 포함)
        • 일반지사 - 매년 330,000원(1월 납부)
        • 연구원(작명상담사) - 매년 220,000원(1월 납부)
        • 일반 회원 - 매년 30,000원(1월 납부)

    라. 일반회원 확보를 위한 특전
        • 가입 시 다지음 출판서적 3권 무료증정
        • 강릉펜션 숙박무료이용

    * 농협 가입계좌 : 351-1185-0498-13
       예금주: 사단법인 다지음한글구성성명학회

언론에서 바라본 다지음 한글구성성명학회

[피플 이사람] 개명운동의 프런티어,
다지음한글구성성명학회 예지연 회장

[헤럴드경제=이홍석(인천) 기자]

'이름이 인생을 좌우한다'라는 말은 낯설지 않다. 이름에서 '성공이냐, 실패냐'를 운운할 만큼 사람들에게 매우 중요하기 때문이다.

최근 이름에 대한 관심도가 높아지면서 개명 인구가 급증하고 있다. 대법원의 '사법연감' 통계에 따르면 지난 2012년 한해 동안 15만 8960명이 개명했다. 우리나라 국민 315명 중 1명이 개명을 한 셈이다. 요사이 개명 인구 사이에서 성명학의 새로운 혁신인 '한글구성성명학'을 개발한 예지연(56, 사진) 회장이 관심을 모으고 있다. "이름에 성공과 실패가 분명 있습니다. 이름을 바꾸는 성명학은 여러 종류가 있지요. 이 가운데 제가 개발한 구성(口聲) 성명학은 순수한 자음과 모음이 결합한 한글 소리(파장)에 의해 불리워지는 이름입니다." 예 회장이 말한 구성 성명학에는 매우 중요한 이유가 있다. 이름에서 불리는 소리는 그 속에 잠재된 기운이 파장을 일으켜 인간의 운명에 적잖은 영향을 미치기 때문이다. 다시 말해, "망해라, 망해라" 하면 망하고, "잘된다, 잘된다" 하면 잘되듯이, 소리로 불리어지는 이름의 중요성을 강조했다. 그렇기 때문에 사람들이 불러주는 이름에서 발현되는 소리야말로 매우 중요한 것이다. "소리(파장)에는 강한 오행의 뜻이 담겨 있어 이름 석자 안에 재물운, 건강운, 자식운, 배우자운, 학문운, 부모운, 명예운, 수명운, 심지어 성격까지 알 수 있다"고 예 회장은 강조했다. 그는 이어 "이름을 다른 말로 하면 성명(姓名)입니다. 성명의 근원을 알아 보면, 낮에는 표정이나 제스처로 자신의 생각을 표현할 수 있으나 저녁때가 되면 날이 어두워 표정이나 제스처가 보이지 않아 입을 통해 자신의 의사를 전달하게 된다"며 "그래서 '저녁 석(夕)'자에 '입 구(口)'자를 합성해 '명(名)'이 되는 것이 이름입니다. 따라서 이름이란, 사람들이 늘 불러주는 소리, 즉 '입 구(口)', '소리 성(聲)' 다시 말해 입으로 불러주는 구성(口聲)이 바로 '한글구성성명학'"이라고 설명했다. 예 회장은 세계에서 유일무이하게 입모양을 본 따 만든 소리글자가 바로 한글임을 강조하면서, 입으로 불리워지는 '소리에너지'가 바로 파장의 근원이라고 밝혔다 따라서 입에서 불리는 이름의 파장은 시간의 흐름에 따라 번갈아 반복되면서 운명에 엄청난 영향을 미치기 때문에 좋은 이름은 화목한 가정과 성공이 보장되고, 나쁜 이름은 건강을 잃게 하거나, 파산하며 자식을 불행하게까지 만든다고 덧붙였다. 예 회장은 지난 1987년 역학 연구에 입문, 중앙·경제지 및 지방일간지·스포츠신문·일본 나고야 신문 등지에서 역학(운세) 및 개명에 대한 연재를 집필해 오고 있다. 또 M.net 등 각 방송사 출연과 대학에서의 강의 활동도 벌여왔다. 예 회장은 『성공하는 이름, 흥하는 상호』, 『이름이 성공을 좌우한다』 등 10권을 집필했다. 또한 『예지연 한글구성성명학전집(10권)』 등 3종류의 책도 곧 출간할 예정이다.

gilbert@heraldcorp.com

서울경제신문

지난 26년 동안 역학을 연구해 독창적인'파동성명학(姓名學)'이란 새로운 이론을 정립한 역학인이 있어 화제다.

종전 자음만으로 풀이하는 파동성명학에서 탈피해 자음과 모음을 결합시킨 파동성명학 이론을 재정립해 내놓은 것이다.

예지연(사진) 회장은 지난 해 자신이 운영하고 있는 인천 남구 주안동에서 파동성명학 저변확대를 위해 ㈜다지음 한글구성성명학회 법인을 발족했다. 따라서 전국 130여개 지사를 운영 계획함에 있어, 2012년에는 미국캘리포니아에 다지음 지사를 설립했다. 앞으로 베트남, 필리핀, 싱가폴, 중국, 일본, 호주 등 전 세계로 한글의 우수성을 이름을 통해 세상에 널리 펼쳐나갈 계획이라며 힘주어 말했다.

또한 미래 가치를 창출하고 이름을 통해 발산되는 에너지를 운명전환의 도구로 삼아, 개인의 향복은 물론, 인류문화 창조와 나아가 파동 에너지인 이름을 통해 세상을 살기 좋게 변화 시키는 미래를 꿈꾸는데 있다고 강조한다.

그는 "종전 자음(닿소리 19자)만으로 풀이한 파동성명학 이론에 모순점을 발견하고 회의를 느껴왔다"면서 "어느날 자음과 모음(홀소리 14자)의 원리를 착안한 선생으로부터 파동성명의 핵심이라 할 수 있는 모음의 원리를 전수받아 의문점이 풀렸다"고 말했다.

예회장은 현재 "파동성명학의 창시자라고 불리고 있는 대구의 기존 성명학회는 우리나라의 성명학계에 놀라운 변화를 줬으나 한글의 소리음은 모음이 배제되면 절대 소리(음)를 낼 수 없도록 구성돼 있어 자음만으로 풀이하는 기존의 모 학회 파동성명은 이러한 원리를 무시한 이론으로 올바른 학설이라 주장할 수 없다"고 잘라 말했다. 또한 이름의 개체들은 그 특유의 소리와 색깔로 에너지적인 파동을 인식하게 됩니다. 따라서 이름을 불릴 적마다 상대방의 입을 통해 사람의 마음을 움직이게 하는 파동의 비밀이 숨어 있어, 이름을 함부로 지어서도 또한 가볍게 여겨서도 안됩니다"고 한다.

그는 특히 최근에 출간한 '이름이 성공을 좌우한다'는 그동안 자음으로만 풀이한 파동성명의 모순점을 낱낱이 파헤치고 직접 상담한 사례들을 모아 이름의 실체를 정확하게 제시해 누구라도 쉽게 이해할 수 있도록 풀이해 놨다.

그는 조만간 '사단법인 다지음한글구성성명학회'인 학술단체도 설립할 예정이다.

예회장은 그동안 총 10여권의 역학 서적을 출간했으며, 성명학에 관련된 「성공하는 이름, 흥하는 상호」, 「이름이 성공을 좌우하다」에 이어 「이름을 이렇게 지으니 좋더라」 1권과 2권이 동시에 출간예정이다.

장현일기자 hichang@sed.co.kr

신뢰할 수 있는 한글파동성명학-일간스포츠
다지음한글구성성명학회 예지연 회장

한글구성성명학으로 세간의 입소문이 난 인물이 있어 화제가 되고 있다.

2013 일간스포츠 대한민국을 이끄는 혁신인물 대상에서 작명(한글파동성명학)부문을 수상한 다지음한글구성성명학회의 예지연회장은 1998년부터 한글파동에 대한 공부를 시작하였다. 예지연 회장은 "세계의 모든 국가는 그 나라 고유의 말을 사용하고

있지만 우리 한글만큼 모든 언어를 표현할 수 있는 언어는 없습니다."라고 강조하며 "기존 성명학처럼 자음의 획수로 인간의 모든 것을 판단하기는 어려운 게 사실입니다. 그래서 자음의 획수만 써서 풀이하는 성명학이 아닌 자음과 모음을 모두 연구하면서 소리의 파동으로 풀이하고 작명하는 파동성명학을 연구하여 만들게 되었고 2012년 학문에 대한 저작권인 특허권을 받으며 사주와 90%이상 일치하는 한글파동성명학이 나오게 되었습니다. 한글파동성명학으로 이름을 짓는다면 좋은 운으로 행복한 삶을 누리실거라 확신합니다."라고 말했다.

경기가 많이 안 좋아 힘들어 하는 사람들에게 "요즘처럼 불황에 힘들어 하는 사람들을 이용해 좋은 이름을 지어준다는 광고와 홍보를 통해 비싼 비용의 작명료를 받고 형편없이 이름을 지어주는 사람들이 많아 잘 알아봐야 한다."라며 실력이 있고 확신할 수 있는 전문가가 아니면 과대광고나 홍보에 현혹되지 말 것을 당부하였다.

또한 "일이 잘 안 풀린다면 좋은 이름으로 개명하여 이름을 통해 운을 바꾸는 것도 좋은 방법 중에 하나." 라고 말하며 이름의 중요성과 한글파동에 대한 운의 흐름에 대해 강조 하였다.

작명가와 한글파동연구가로 많이 알려진 예지연회장은 "이름은 불릴 적마다 상대방의 입을 통해 여러 가지 성질의 기운이 조화를 일으켜 발현되므로, 이름을 함부로 지어서도 또한 가볍게 여겨서도 안 된다."고 말하며 정말 좋은 이름이 필요한 사람들에게 좋은 이름을 지어주어 행복하게 그들의 삶이 변화된다면 그게 보람된 일이라고 말하였다. 여러 일간지에 재미있는 운세풀이를 게재중인 예지연 회장은 '이름이 성공을 좌우한다. '금슬을 좋아하는 야한 섹스가', '부자사주 거지팔자', '성공하는 이름 흥하는 상호', 등 약 9권의 책을 써낸 저자이기도 하다.

한글이 세계에서 제일 좋은 언어라는 것과 한글구성성명학의 세계화를 위해 최선을 다하는 다지음한글구성성명학회는 미국지사를 비롯하여 국내외의 지사를 가지고 있으며 국내와 해외에도 한글구성성명학으로 많은 이들에게 좋은 이름을 지어주고 있다.

언론에 보도된 예지연(안디바)의 책

예지연, 『운명의 비밀이 이름(성경)에 있다』 책 발간

[헤럴드경제(인천)=이홍석 기자]

　예지연 ㈜다지음 대표 · (사단법인) 한글구성성명학회 회장이 '운명의 비밀이 이름(성경)에 있다' 신간서적을 발간했다.
　도서출판 다지음이 출판한 예 회장의 저서 '운명의 비밀이 이름(성경)에 있다'는 이 땅에서의 이름이 왜 중요한가, 여기에 중점을 두었다.
　예 회장은 "사람들은 누구나 타고난 사주대로 살아간다. 그렇지만 타고난 운명이야말로 신의 영역으로 어느 누구도 그 운을 거스르지 못하고 살아간다"며 "그동안 잘못된 이름으로 개명하고 후회하는 사람들을 수 없이 봐 오면서 이름의 중요성과 함께 한글구성성명학이 어떤 학문인가를 제대로 알려야 할 필요성을 느껴 이 책을 집필하게 됐다"고 말했다.

그러면서 "그동안 구성성명학을 몰라 잘못 지어진 이름 때문에 불행하게 사는 사람들을 수 없이 보았다"며 "'이름을 좋게 지으니 행복하더라'의 책에 이어 이번에도 이름대로 살아가는 사람들의 실상을 전국 지사들 상담 사례를 통해 생생하게 실었다"고 설명했다.

예 회장은 파동성명 다시말해 소리에너지를 근거로 한 구성성명학을 국내 최초로 연구개발한 성명학자이면서 대한예수교장로회 해외합동 총회의 목회학박사다.

전국 120여개가 넘는 ㈜다지음 프렌차이즈는 예 회장이 국내 최초로 작명이란 새로운 트랜드로 '바위처럼 꿋꿋하고 밝고 환한 좋은 이름으로 행복한 삶을 살 게 하고 싶다'는 취지에서 시작한 사업이다.

국내는 150개의 지사만을 지향하고 있고 또한 현재 미국, 일본, 중국 등에 지사를 두고 있지만 점차 세계적인 기업으로 확장시켜 나갈 계획이다.

▶저자 소개

예 회장은 ㈜다지음 대표이자, 사단법인 한글구성성명학회 회장을 역임하면서 〈알기 쉽게 풀이한 통변학 강의〉, 〈귀한사주. 천한 팔자〉, 〈옹녀사주 변강쇠팔자〉, 〈만복진결〉, 〈금슬을 좋게 하는 야한 섹스가〉, 〈부자사주. 거지팔자〉 등 역학 관련된 책들을 발간했다.

이와 함께 꾸준히 성경을 연구하면서 〈성공하는 이름. 흥하는 상호〉, 〈이름을 이렇게 지으니 좋더라〉, 〈누가 대권의 이름을 가졌는가?〉, 〈이름이 성공을 좌우한다〉, 〈이름을 좋게 지으니 행복하더라〉, 〈성경과 이름〉등 성명학에 관련된 책들을 집필했다.

이밖에 성경을 이해하는데 도움이 될 수 있도록 〈더 이상 목사한테 속지 말라〉, 〈종교는 사기다〉, 〈아직도 목사한테 속고 있는가?〉, 〈이제는 계시록을 밝힐 때다〉, 〈계시록을 통해 바라본 한국교회〉, 〈신천지의 정체가 계시록에 예고되다!〉, 〈그런 하나님이라면 나도 만나고 싶다〉 등 기독교에 관련된 서적도 다양하게 출간했다.

gilbert@heraldcorp.com

안디바(예지연), '성경과 이름' 책 발간

[헤럴드경제(인천)=이홍석 기자]

1부 '믿음은 하나님의 언어이다'
2부 성경에서 말하는 '이름이란 무엇인가?'

도서출판 다지음이 발간한 '성경과 이름'은 ▷1부 '믿음은 하나님의 언어이다'를 주제로 믿음에 중점을 두고 실었고 ▷2부 성경에서 말하는 '이름이란 무엇인가?'에서는 이름 자체가 하나님의 이르신 말씀임을 강조했다.

이름들을 연구하게 된 계기가 바로 예수님의 족보 때문"이라고 설명했다.

예수님의 족보에 올라온 이름들을 연구하면서 "왜 이들만 족보에 올라와 있는가?" 여기에는 하나님의 뜻과 계획과 언약들이 성서에 등장한 이름들을 통해 이어져 가고 있기 때문이라고 했다. 그러므로 성경에서의 모든 이름들은 예수님의 족보에서 정점을 찍었다 해도 과언이 아니라고 저자는 설명했다. 그만큼 이름 속에는 하나님의 뜻과 계획과 섭리가 그대로 녹아져 있다는 것이다.

이름에는 하나님이 이르신 파동(가라사대)의 에너지가 담겨있기 때문에 이를 가볍게 여겨서는 안 된다고 하면서 그러한 파동 에너지의 성명학이 바로 저자가 연구한 구성성명학이라고 이 책에서 전하고 있다.

그런데 목사들이 오늘날 이러한 소리에너지의 원리를 무시하고 교인들의 이름을 함부로 지어준다면 그거야말로 한 사람의 운명을 그르치는 행위가 된다고 지적했다. 그러면서 목사들이야말로 교인들이 불행한 이름 때문에 기도의 본질을 망각한 채 엉뚱한 기도에 매달리지 않도록 성명학을 배워야 한다고 강변하고 있다.

또한 하나님 아버지께서 당신 백성들을 위해 친히 이름을 지어주셨고 이를 중히 여기셨다면, 이 땅의 부모들 또한 입에서 불리워지는 파동의 에너지가 그만큼 강한 생명력을 소유하고 있다는 사실을 깨닫고 이름을 중히 여겨야 한다고 강조하고 있다. 이에 따라 이 한 권의 책이 믿음과 소망과 사랑을 깨닫는 징검다리가 되길 바란다고 저자는 말했다.

저자는 이름을 연구하는 성명학자만 하나님의 사랑을 너무 깊이 깨달아 알아버렸기에 자신의 인생 삼모작을 복음을 전하는 목사로서의 길을 선택했다고 한다. 그러면서 오늘날의 교회가 믿음의 본질을 오해하고 있기 때문에 우리(교회)한테 보내는 하나님의 연애편지인 성경을 이해하지 못하고 있다고 했다.

성경은 누구에게나 똑같이 주어지지만, 어떤 이는 성경말씀 속에서 하나님의 사랑을 발견하고 어떤 이는 그 말씀 안에서 엉뚱한 복만 바라고 소원하게 된다고 설명하면서 따라서 하나님의 구애편지는 아무나 받는 것이 아니라, 창세전에 하나님으로부터 택함 받은 하늘 백성들만이 그 사랑을 받을 수 있고 또한 그들만이 이웃을 사랑 할 수 있다고 이 책에서 전하고 있다.

사랑은 우리가 노력한다고 되는 것이 아니라 그 사랑이 우리 안에 말씀(성령)으로 침투해 들어 올 때 우리가 이웃을 사랑할 수 있다고 저자는 밝혔다.

저자 안디바목사는 '파동성명' 즉 소리에너지를 근거로 한 한글구성성명학을 국내 최초로 연구개발한 성명학자이자, 대한예수교장로회 목사다.

작명사업인 ㈜다지음의 가맹사업 120여개의 지사를 운영 관리하고 있으며 또한 학술단체인 사단법인 한글구성성명학회 회장을 역임하고 있다.

그동안 〈부자사주 거지팔자〉, 〈옹녀사주 변강쇠팔자〉, 〈누가 대권의 이름을 가졌는가?〉, 〈만복진결〉, 〈알기 쉽게 풀이한 통변학 강의〉, 〈귀한사주. 천한 팔자〉, 〈금슬을 좋게 하는 야한 섹스가〉, 〈이름을 이렇게 지으니 좋더라〉, 〈이름을 좋게 지으니 행복하더라〉, 〈성공하는 이름. 흥하는 상호〉의 등 10여 권의 책을 출간했다.

대한예수교장로회 해외합동 총회의 목회학박사로 활동하면서 현재 '강릉서머나교회'서 목회자로 사역하고 있다.

기독교에 관련된 서적 〈더 이상 목사한테 속지 말라〉, 〈종교는 사기〉, 〈아직도 목사한테 속고 있는가?〉, 〈이제는 계시록을 밝힐 때다〉, 〈계시록을 통해 바라본 한국교회〉〈신천지의 정체가 계시록에 예고되다!〉, 〈그런 하나님이라면 나도 만나고 싶다〉 등도 출간했다.

gilbert@heraldcorp.com

예지연의 저서들

• 역학분야

   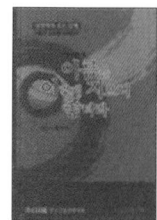

25,000원   18,000원   10,000원   7,000원

25,000원   10,000원   11,000원   절판

절판   절판   17,000원   12,000원

• 기독교분야

  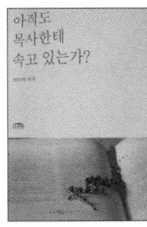 

12,000원　　　12,000원　　　12,000원　　　12,000원

12,000원　　　12,000원　　　12,000원　　　12,000원

다지음의 출판사 서평

『운명의 비밀이 이름(성경)에 있다』
도서출판 다지음. 값 12,000원

이름에는 하나님이 이르신 파동(가라사대)의 에너지가 있다. 그러기에 이 땅의 부모들도 입에서 불리워지는 파동의 에너지가 그만큼 강한 생명력을 소유하고 있다는 것을 깨닫고 이름을 중히 여겨야 한다. 저자인 예지연은 파동성명 즉 소리에너지를 근거로 한 구성성명학을 국내 최초로 연구 개발한 성명학자이자. 목회학 박사다. 타고난 운명은 불변의 숙명이라 인간의 힘으로 바꿀 수 없지만 이름은 개명을 통해 얼마든지 운을 전환시킬수 있다고 강조하고 있다.

『이름을 좋게 지으니 행복하더라』
도서출판 등대지기, 값 17,000원

사람이 태어나서 제일 첫 번째 받는 선물이 이름이고, 태어나서 죽을 때까지 가장 많이 불리는 것이 이름이다. 따라서 이번 책자의 출간은 이름의 중요성을 강조하기 위해 전국지사장들의 경험하고 겪었던 이름의 상담사례와 개명 후기들을 엮어 '이름을 좋게 지으니 행복하더라'의 생생한 증언들로 담았다. 이름은 매우 중요하다. 그러므로 이름이 흉하면 개명하여 그 운기를 개선시켜 나가는 것이 바람직하다고 이 책에서 작명의 중요성을 피력하고 있다.

『성공하는 이름. 흥하는 상호』
도서출판 신지평. 값 25,000원

성공하는 이름이나 흥하는 상호 등을 통해 이름에 담긴 뜻과 의미를 풀어보고 자신의 사주에 맞는 이름을 갖는 비법을 말해 주고 있다. 이름 때문에 운세가 풀리지 않는다고 생각하는 사람, 잘못된 회사 이름 때문에 부도 위기에 처한 사람 등을 위한 성명학자 예지연이 개운 비법을 소개한 파동성명에 관한 이론서다.

『이름이 성공을 좌우한다』
도서출판 강남출판사. 값 18,000원

이름이 성공을 좌우한다는 성명학자 예지연이 이름과 상호의 중요성에 대해 재미있는 사례를 들어 알기 쉽게 설명한 책이다. 유명인사들 즉 기업인, 스포츠인, 연예인 등의 이름과 운명의 상관관계를 분석하였다.

『누가 대권의 이름을 가졌는가!』
도서출판 신지평. 값 10,000원

성명학자 예지연의 세 번째 칼럼집이다. 이름이 운명에 얼마나 영향을 끼치는지를 구체적으로 알리고 있다. 먼저 유명 인사들의 이름과 운명의 상관관계를 분석하여 이름과 상호의 중요성에 대해 재미있는 사례를 들어 설명하였다.

『이름을 이렇게 지으니 좋더라』
도서출판 다지음, 7,000원

저자는 잘못된 이름 때문에 개명하고도 후회하는 사람들을 보면 늘 마음이 편치 않았다. 그래서 이름의 중요성과 함께 한글구성성명학이 어떤 학문인가를 올바로 깨우치고 싶어 이 책을 출간했다. 그동안 저자에게 상담한 수없이 많은 사람들의 이름과 연예인, 스포츠인, 정치인, 기업인 등의 이름을 통해 이름이 얼마나 운명에 영향을 미치는가를 사실적으로 전달하고 있다.

『만복진결』
도서출판 삼원출판사. 값 25,000원

이 책은 학문적 지식이나 기법 없이도 조견표에 의해 쉽게 운세를 찾을 수 있는 향후 2048년까지 년도 별로 볼 수 있는 획기적인 방식의 개인별 운명예언서다. 수험생이나 승진을 앞둔 직장인, 새로 사업을 계획 중에 있거나 영업 중에 있는 모두에게 자신의 매년 운세를 파악할 수 있도록 구성된 비결서다.

『금슬을 좋게 하는 야한 섹스가』
도서출판 강남출판사. 값 11,000원

육효로 풀이한 궁합이야기다. 각양 각층의 사람들이 풀어놓은 성(性)에 관한 고민들을 육효로서 풀이한 책이다. 궁합적 요소를 소설이야기 식으로 들려주어 모든 남녀들이 아름다운 사랑을 키울 수 있도록 안내했다.

『귀한사주, 천한팔자』
도서출판 강남출판사. 값 10,000원

운명의 네비게이션이 바로 역학이다. 나는 누구인가? 누구와 살 것인가? 무엇을 하며 살 것인가? 나는 왜 살고 있는가? 등 4부로 나누어져 있다. 마음의 풍경 소리를 듣고자 하는 모든 이들에게 진정으로 그 소리를 들을 수 있는 소중한 한 권의 책이 되길 바란다고 저자는 말하고 있다.

『더 이상 목사한테 속지 말라』
도서출판 다지음, 10,000원

대부분의 사람들이 저자가 목사가 될 거라고 생각한 사람들은 거의 없었다. 왜냐하면 그동안의 저자는 기독교의 교리를 지독히 불신했고 아울러 교회와 목사를 싸잡아 욕하고 다녔던 사람이다. 그랬던 저자한테 어느 날 갑자기 찾아 온 영혼의 공황상태에서 마음속 진한 울림에 성경을 다시 찾게 되었고 지금은 복음을 책으로 전하는 집필에만 전념하고 있다.

『종교는 사기다』
도서출판 등대지기, 12,000원

역학발전을 위한 학문에 올인 했던 저자가 아주 오랜 시간 먼 길을 돌고 돌아 다시 하나님의 섭리 안으로 회향해 돌아와 보니 그야말로 갈수록 황폐해져가는 종교세계를 차마 눈 뜨고만 볼 수 없어 이 책을 집필하게 되었다고 한다. 그러므로 이 책은 비 신앙인들을 위해 쓴 책이 아니라 교인이나 목사들을 위해 쓴 책이다 보니 현재 목회를 하고 있거나 사역자를 꿈꾸는 사람들한테 꼭 읽어봐야 할 책이라고 한다.

『아직도 목사한테 속고 있는가』
도서출판 다지음, 12,000원

이 책의 저자는 우리나라 역학업계에 최초로 작명 프렌차이즈 가맹 사업체를 운영하고 있으며 사단법인인 '한글구성성명학회'의 회장도 역임하고 있다. 그동안 모든 '최초'란 단어가 무색할 만큼 자타가 인정하는 역학계에 큰 손이다. 그랬던 저자가 그야말로 점입가경(漸入佳境)인 교회들을 바라보면서 점입꼴불견(漸入滑不見)의 종교세계를 향해 쓴 소리로 일갈하고 있다.

『그런 하나님이라면 나도 만나고 싶다』
도서출판 등대지기, 12,000원

지금 코로나로 교회가 몸살을 앓고 있다. 그런데 이 코로나가 교회들을 향한 하나님의 심판임을 깨달아야 한다. 그러다보니 한국교회가 처처에 기근(영적 고갈)과 지진(조직이 붕괴)으로 분열되고, 하나님의 백성들은 갈 곳을 잃어 방황하고 있다. 하나님은 지금 이 사간도 진리의 말씀으로 깨어나라고 하나님의 영들을 통해 간절히 외치고 있다. 무엇보다 하나님의 음성(성경)을 보고 듣고 깨달은 자는 복이 있다. 그러므로 그의 나라와 그의 의를 구하고 나면 그보다 더한 것을 주시겠다는 그 약속의 말씀을 믿는 자들은 구원(영생)은 물론 이 세상 문제조차도 걱정할 것이 없다. 그런 하나님을 만나고 싶지 않은가!

『이제는 계시록을 밝힐 때다』
도서출판 등대지기, 12,000원

성경은 비밀이다. 그러므로 이단(사단)들은 성경을 절대 열 수가 없다. 신천지의 이만희 교주가 요한계시록을 자기 멋대로 억지로 풀다가 결국엔 하나님의 심판에 의해 감옥(지옥)까지 갔다 왔다. 아울러 '무너졌도다, 무너졌도다 큰 성 바벨론이여(계18;2)' 대형교회 또한 음행과 사치로 치부하다보니 각종 더러운 새(악령)가 모이는 귀신의 처소가 되었다. 거기에 일곱 교회(감리교, 장로교, 성결교, 안식교, 순복음, 구원파, 침례교) 또한 하나님의 말씀과 등을 돌렸다. 그러므로 연일 보도되는 목사의 비리의혹과 함께 코로나로 인해 교회가 점차 무너져가고 있는 것을 세상은 감지해야 한다. 따라서 교인들은 하늘(하나님)의 재앙인 코로나를 통해 심판의 긴박성을 감지하고 회개하고 돌아서야 한다.

『계시록을 통해 바라본 한국교회』
도서출판 등대지기, 12,000원

오늘날 한국교회의 목사들이 하나님의 천지창조의 뜻을 모르다보니 엉뚱한 행위(헌금, 선교, 구제)로 하나님의 일을 한다고 자랑만 하다 교인들은 그 이상의 길이 없는 줄 알고 서로 비난하고 헐뜯다가 그대로 자포자기 해 버리고 만다. 자기가 죽고 영이 살아야 사탄을 이길 수 있는데 교회가 도리어 악마적 속성으로 자아를 부추기다보니 대부분의 교인들의 이단이나 거짓 목사들한테 헛되이 예배드리고 있다. 그러므로 교회는 계시록을 통해 천국의 비밀을 왜 일곱 교회한테 서신 형식으로 알릴 수밖에 없었는가를 깨달아야 한다. 이를 아는 자만이 하늘의 비밀인 계시록을 열 수 있다. 계시록은 성경 여러 곳에서 말일(마지막 때)에 열린다고 하였으니 지금이 바로 그 때다.

『신천지의 정체가 게시록에 예고되다』
도서출판 등대지기, 12,000원

아담은 최초에 하나님으로부터 생기를 직접 받은 생령자다. 그러기에 뱀(사단)이 아담(하나님의 백성)을 꾀기 어렵다. 오늘날 교회들이 하나님의 명령(말씀)보다 하와(교회)가 그랬듯이 보암직도 먹음직도 탐스럽기만 한 것들에만 눈이 어둡다보니 뱀(신천지)의 유혹에 쉽게 넘어갈 수 있었다. 그래서 뱀(신천지)이 하와(교회)를 꾀기 쉬웠던 거다. 하와(교회)가 자기만 넘어가면 좋은데 하나님의 백성인 아담까지 유혹하는 것이 큰 문제다. 하나님께서는 선악과를 먹으면 정녕 죽는다고 했는데 사단(신천지)은 죽는 것이 아니라 도리어 하나님 같이 된다고 꼬드겼다. 그러니 거기에 흔들리지 않을 사람(아담)들이 어디 있겠는가!

『성경과 이름』
도서출판 다지음, 12,000원

오늘날의 교회가 믿음의 본질조차 모르는데 어떻게 우리(교회)한테 보내는 하나님의 연애편지인 성경을 이해할 수 있겠는가? 그래서 1부는 믿음에 초점을 두었고, 2부는 성경에서 말하는 '이름이란 무엇인가?'를 밝히는데 주안점을 두었다. 이름 자체가 하나님의 이르신 말씀이다. 필자는 이름을 연구하는 성명학자로서, 또한 하나님의 말씀을 전하는 목사로서 성경상의 이름들을 연구하기 시작했다. 그 이유가 예수님의 족보 때문이다. 거기에는 하나님의 뜻과 계획과 언약들이 성서에 등장한 이름들을 통해 이어져 가고 있다는 사실이다. 그만큼 이름 속에는 하나님의 뜻과 계획이 그대로 녹아져 있다고 피력하고 있다.

- **도서구매**

  351-1185-0498-13(농협. 사단법인 다지음)

  택배비 3000원(2권이상 택배비 무료)

  입금 후, 010-3024-0342(주소 문자로!)

- **대표전화** : 1644-0178
- **사 이 트** : www.dajium.com
- **이 메 일** : yejiyeon7@naver.com
- **youtube** : 다지음tv

(주) 다지음 가맹지사 모집

1. 지사 자격 조건
   가. 다지음 작명상담사 민간자격증 취득자
   나. 전문대 이상의 학력 소지자
   다. 1970년 이후 출생한 자

2. 국내 150개 지사 한정모집
   가. 국내(잔여부분만 모집)
   나. 국외(미국, 유럽. 중국, 일본, 베트남, 필리핀, 러시아 등)

3. 다지음 가맹지사가 왜 좋은가?
   가. 적은 투자로 평생사업
   나. 고령화시대에 이상적인 사업
   다. 상호나 이름은 선택이 아니라 필수
   라. 세계적인 글로벌 사업
   마. 상표권, 저작권, 지식재산권의 독점사업

4. 가맹비 및 로열티
   가. 가맹비 : 11,000,000원(부가세포함)
   나. 로열티 : 매출 건당 10%(부가세포함)

가맹문의 1644-0178